Runen

Christopher Weidner

Runen

Das Praxisbuch

Legen · Deuten · Verstehen

KOPP VERLAG

1. Auflage Dezember 2013
2. Auflage Juni 2015
3. Auflage Oktober 2016
4. Auflage Oktober 2017
5. Auflage Januar 2020
6. Auflage Februar 2022
7. Auflage September 2024

Umschlaggestaltung: Christine Ibele
Satz und Layout: opus verum, München

ISBN: 978-3-86445-100-3

Bildnachweis: siehe S. 240

Die veröffentlichten Ratschläge wurden mit größter Sorgfalt von Verfasser und Verlag erarbeitet und geprüft. Eine Garantie kann jedoch nicht übernommen werden. Ebenso ist eine Haftung des Verfassers bzw. des Verlages und seiner Beauftragten für Personen-, Sach- oder Vermögensschäden ausgeschlossen.

Gerne senden wir Ihnen unser Verlagsverzeichnis
Kopp Verlag
Bertha-Benz-Straße 10
D-72108 Rottenburg
E-Mail: info@kopp-verlag.de
Tel.: (0 74 72) 98 06-10
Fax: (0 74 72) 98 06-11

Unser Buchprogramm finden Sie auch im Internet unter:
www.kopp-verlag.de

Inhalt

ᚠ	ᚢ	ᚦ	ᚨ	ᚱ	ᚲ
fehu	uruz	thurisaz	ansuz	raidho	kenaz
ᚷ	ᚹ	ᚺ	ᚾ	ᛁ	ᛃ
gebo	wunjo	hagalaz	nauthiz	isa	jera
ᛇ	ᛈ	ᛉ	ᛊ	ᛏ	ᛒ
eihwaz	perthro	algiz	sowilo	thiwaz	berkana
ᛖ	ᛗ	ᛚ	ᛜ	ᛞ	ᛟ
ehwaz	mannaz	laguz	ingwaz	dagaz	othala

Warum Runen?

Die Runen – sie stammen aus einer fernen Zeit. Sie dienten den Germanen als Buchstaben für Inschriften und sind magische Symbole. Wer sich mit ihnen beschäftigt, der verbindet sich mit einer geistigen Welt, die historisch zwar vergangen ist, aber in diesen Zauberzeichen weiterlebt. In diesem Buch möchte ich Sie in den praktischen Umgang mit den Runen einführen und zwar so, wie ich es in den letzten Jahren für mich entdeckt habe.

Tatsächlich begegneten mir die Zauberzeichen der Germanen schon sehr viel früher, und zwar in meinem Studium der Nordischen Philologie. Mein Interesse an der Welt der Mythen und Märchen findet seinen Ursprung aber bereits in meiner Kindheit, denn schon früh faszinierten mich die Geschichten rund um die germanischen Götter

Fenriswolf, Midgardschlange

Odin, Freya und Loki. Im Studium lernte ich die Sprache der Edda und ließ mich von dem dunklen Klang ihrer Lieder gefangen nehmen, in denen von der Entstehung der Welt aus Feuer und Eis, von Zwergen und Riesen, von Schicksalsgöttinnen am Fuße des Weltenbaumes, von entsetzlichen Ungeheurn wie dem Fenriswolf, der Midgardschlange und schließlich vom Untergang der Götter und der Geburt einer neuen Welt die Rede war. Doch die Runen blieben damals etwas, das ich zwar mit Interesse, aber nicht mit Eifer betrachtete. Vielleicht lag es daran, dass sie an der Universität nur mit dem streng wissenschaftlichen Auge betrachtet wurden und dann auch nur mit spitzen Fingern. Das lag sicher einerseits an dem missbräuchlichen Umgang mit dem alten Erbe der Germanen zur Zeit des Nationalsozialismus, in denen die Runen zu Schreckenssymbolen umfunktioniert wurden. Damit wollte man nicht identifiziert werden. Andererseits bleibt von den Runen als Gegenstand der Forschung nicht viel übrig: es sind rätselhafte Zeichen einer verloren gegangenen Kultur – und Punkt. Was dazu aus wissenschaftli-

Alter Runenstein in einer mystischen Landschaft

cher Sicht zu sagen ist, lässt sich in der Regel kurz und bündig zusammenfassen. Das eigentliche Wesen der Runen muss einer solchen Betrachtungsweise selbstverständlich verschlossen bleiben. Das ist auch völlig in Ordnung, denn das, was die Runen ausmacht, das hat mit ihrer historischen Bedeutung nur wenig zu tun. Die Art und Weise, wie sie uns Heutige immer noch berühren können, erlebt niemand, der sie als reines Objekt der intellektuellen Auseinandersetzung betrachtet. Dem Verstand alleine offenbart sich der Zauber der Runen nicht. Die Runen haben eine Botschaft, aber die lässt sich eher mit dem Herzen lesen als mit dem Kopf. Davon aber war ich zur Zeit meines Studiums weit entfernt.

Mystische Plätze

Noch schwiegen die Runen also. Mythen und Märchen aber begleiteten mich auch weiterhin. Ich begann mich mit den Plätzen zu beschäftigen, an denen viele der Sagen spielen. Schnell merkte ich, dass es nicht nur die Geschichte war, die mich zu diesen Orten zog, sondern dass die Orte eine eigene Ausstrahlung besitzen. Die Sage oder das Märchen, so erkannte ich für mich, ist oft nur der Ausdruck dieser besonderen Kraft, die dort zu spüren ist. Sie kleidet das, was Menschen an einem derartigen Ort erleben können, in das Gewand einer Geschichte. Wenn dann von Wundern, Feen, Kobolden und anderen magischen Begebenheiten die Rede ist, so ist dies oft der Versuch zu beschreiben, was dort zu fühlen ist, wenn man sich der Kraft eines solchen Platzes öffnet. Viele dieser Plätze werden schon seit Generationen von Menschen auf diese Weise beschrieben und verehrt und nicht selten gehen sie auf alte heidnische Kultstätten zurück. Viele Plätze liegen in der Natur mitten in Wäldern, auf Bergen, in Höhlen, aber auch so manche Kirche, die uns mit ihrer besonderen Atmosphäre gefangen nimmt, ist auf einem solchen alten Kultplatz errichtet worden und bezieht ihre Magie genau aus diesem Umstand. Mittlerweile habe ich Deutschland und viele andere Länder auf der Spur solcher Kraftplätze bereist.

Ein Kraftort ist nicht zu verwechseln mit einer »Tankstelle«, auch wenn es zunächst so klingt. Tatsächlich kann uns ein solcher Ort Kraft geben, aber nur dann, wenn wir bereit sind, auch etwas von uns zu geben. Oft genügt es, wenn wir uns dem Platz und seiner besonderen Mystik mit unserem Geist öffnen, etwas von unseren Gedanken und Gefühlen offenbaren. Die Aufmerksamkeit, die wir einem solchen Platz schenken, ist im wahrsten Sinne des Wortes ein Geschenk an diesen Ort. Unzählige Menschen haben dies bereits vor mir getan, haben vielleicht gebetet, meditiert oder auch einfach nur die Mystik andächtig auf sich wirken lassen. Dies macht sie nicht selten zu Plätzen, die wir als heilig empfinden.

Die Begegnung mit einem Kraftort ist ein Geben und Nehmen. Wenn wir in Verbindung mit dem Ort gehen, teilen wir uns dem Ort mit, kommunizieren mit ihm. Wenn wir dies tun, dann schenkt uns der Ort etwas zurück. Das kann ein Gefühl sein, manchmal ist es aber auch mehr als das, denn er ist in der Lage, uns Antwort zu geben. Dazu müssen wir nicht einmal eine konkrete Frage stellen. Vielmehr ist unsere aufmerksame Gegenwart genug, um die Kraft des Ortes als Bereicherung für unser Leben zu empfinden. Wir verlassen dann diesen Ort und etwas in uns hat sich gewandelt. Nicht selten sind wir klarer in Bezug auf wichtige Themen, die uns gerade bewegen. Manches »fließt«

dann wieder, wo wir zuvor noch ins Stocken geraten waren und nicht wussten, wie es weitergehen soll.

Auf meinen Reisen durch solche mystischen Landschaften habe ich durch Zufall die Runen für mich wiederentdeckt. Mehr aus ästhetischen Gründen hatte ich mir einen Satz der 24 Runen des älteren Futhark besorgt, auf geschliffenen und lackierten Holzplättchen in Handarbeit geritzt und in einem Ledersäckchen eingepackt, in der Absicht, mich irgendwann einmal mit den Zeichen zu beschäftigen. Einer inneren Eingebung folgend packte ich die Runen eines Tages in meinen Wanderrucksack und nahm sie mit auf eine Tour durch den sagenumwobenen Harz. Ich kletterte auf einen einsam gelegenen Felsen, um die Aussicht über die Wipfel des Waldes zu genießen. Es war ein sehr ruhiger Augenblick inmitten der Natur. Ich spürte eine tiefe Verbundenheit mit diesem Ort, seine Kraft durchströmte mich sanft

Runensteine aus Holz

und ich hatte das Gefühl, dass die Begrenzungen von Zeit und Raum mit einem Schlage an Bedeutung verloren hatten. Ich war ganz bei mir selbst angekommen. In diesem Moment fielen mir die Runen in meinem Rucksack ein. Ich holte sie heraus, öffnete den Lederbeutel und griff hinein, während aus meinem Herzen eine Frage aufstieg, die mich gerade in Bezug auf meine aktuelle Lebenssituation beschäftigte. Ich ließ eine Zeitlang die Holzplättchen zwischen meinen Fingern hin und her gehen, bis ich den Eindruck hatte, eines wollte förmlich an meinen Fingerspitzen kleben bleiben. Dieses zog ich heraus …

Runensteine im Lederbeutel

Die Botschaft der Runen

Ich kannte die Bedeutung der Runen, wusste ihren Namen und wie sie für gewöhnlich in den handelsüblichen Büchern gedeutet werden. Aber in diesem Augenblick hatte ich diese Deutungen nicht gegenwärtig. Es war, als zöge ich die Rune zum ersten Mal – und doch war sie mir auf eine eigenartige Weise ganz vertraut. Mehr noch: Sie schien eine Antwort auf die Frage bereit zu halten, ohne dass ich meinen Verstand um eine Deutung bemühen musste. Es war die Gestalt des Zeichens, die zu mir »sprach«. Die Form der Rune war eine Antwort auf meine Frage – und nicht irgendein Satz, den ich in irgendeinem Buch gelesen hatte. Ich setzte meine Wanderung fort und es war wunderbar: Ich entdeckte die Gestalt der Rune überall wieder – in den Ästen der Bäume, in Steinformationen am Wegesrand, sogar in architektonischen Strukturen an Häusern. Immer, wenn ich sie entdeckte, erkannte ich darin ein weiteres Puzzlestück zur Klärung der Frage, die mich gerade bewegte. Am Ende des Weges hatte sich in mir eine deutliche Antwort herausgebildet, die mein Leben in eine entscheidende und für mich sehr stimmige Richtung lenkte. Dafür bin ich den Runen bis heute dankbar.

Seither begleiten mich die Runen fast immer auf meinen Reisen und Wanderungen. Es ist eine gute Gewohnheit geworden, sie immer wieder zurate zu ziehen, sei es, um sich einem bestimmten Thema zu widmen oder einfach, um bereichernde Impulse zur aktuellen Lebenslage zu bekommen. Meiner Erfahrung nach besitzen die Runen nichts Schweres, Düsteres, allzu Magisches – einen derartigen Eindruck kann man durchaus bekommen, wenn man manche Bücher über sie liest. Dort werden Rituale und Praktiken beschrieben, in denen die Runen

An mystischen Orten entfaltet sich die Kraft der Runen besonders eindrucksvoll.

dazu dienen, die Welt nach dem eigenen Willen zu beeinflussen, oder als Orakel dienen, um die Zukunft vorherzusagen. Dazu kann ich nichts sagen. Für mich besitzen die Runen eine andere Ausstrahlung, die sich mir vor allen Dingen offenbart, wenn ich sie in der Natur mit mir führe. Die Runen selbst weisen ihrer Bedeutung nach zumeist Anspielungen auf, die aus den Bildern der Natur gespeist werden: sie tragen Namen wie Eis, Birke, Eibe, Pferd, Tag, Jahr, Hagel. Die Formen der Runen erinnern an Dinge aus der Natur, an Bäume, Wege, Höhlen, Dornen, Ähren. Es ist für mich daher fast selbstverständlich, sie genau dann einzusetzen, wenn mich die Natur umgibt – und nicht eingeschlossen in meinen eigenen vier Wänden.

Ich entdeckte schließlich ihre besondere Fähigkeit, an Kraftplätzen im Besonderen, aber auch an jedem anderen Platz, den wir als kraftvoll empfinden, die Mystik dieses Ortes in einen für unseren Geist und unser Herz weiterführenden Impuls zu verwandeln. Wer sich der Kraft eines Ortes öffnet, kann tiefe Einsichten über sich selbst und die Welt, in der er lebt, erfahren. Wer dazu noch eine Rune zieht, der bekommt im Symbol der Rune zusätzlich ein Gefäß, um diese Kraft gedanklich zu fassen und als ganz persönliche Botschaft zu verstehen. Die Rune wird gewissermaßen zum Sprachrohr des mystischen Ortes.

Seit ich auch andere Menschen zu mystischen Orten führe, lade ich jeden gerne dazu ein, eine Rune an Ort und Stelle zu ziehen. Dabei lasse ich offen, ob gerade eine Frage im Raum steht, auf die man eine Antwort sucht, oder ob wir einfach eine Antwort bekommen möchten auf eine Frage, die wir vielleicht noch gar nicht gestellt haben. Aus den Erfahrungsberichten der Teilnehmer an diesen Exkursionen und Reisen entnehme ich immer wieder, wie treffsicher die Runen unsere Lebenssituation erfassen und wie stimmig sich die Empfehlungen anfühlen, die wir aus der Deutung der Rune für uns lesen können. Dabei spiegele ich den Leuten in der Regel nur die Ideen wider, die sich aus der Gestalt der Rune wie von selbst ergeben. Zumeist kenne ich das Thema, das einen gerade bewegt, gar nicht. Das heißt natürlich, dass sich die Deutung der Rune, die ich anbiete, erst im Betroffenen selbst zu einer Bedeutung zusammensetzt. Genau darum geht es: Die Rune hilft uns, das, was uns vielleicht auf eine diffuse Weise beschäftigt, in eine klarere Struktur zu bringen. Gerade die eher schlichte und zumeist kantige Gestalt der Runen mag dazu einen besonderen Beitrag leisten. Im Gegensatz zu anderen Systemen wie Astrologie und Tarot sind Runen einfach fast schon einsilbig – und das macht sie so wertvoll. Der klare Gedanke, der ihnen entspringt, unterstützt uns dabei, aus dem Wust des Alltäglichen einen Weg zu finden, das Notwendige vom Möglichen zu trennen. Manche erleben die Runen als wohltuend direktiv, das heißt, als auf eine angenehme Weise kompromisslos in ihrer Aussagekraft. Die Runen sagen: »Da geht es lang!« Dabei üben sie jedoch nie einen Zwang aus, sondern zeigen uns lediglich die Richtung, in die wir uns bewegen sollten, damit wir das, was uns am Herzen liegt, auch wirklich erreichen können. Das Überraschende dabei ist, dass sie das bei aller Ernsthaftigkeit stets mit einem Augenzwinkern tun. Sie befehlen uns nicht, sondern appellieren an unser inneres Wissen. Sie zeigen, dass wir die Antwort schon längst in uns tragen, dass wir sie nur nicht sehen konnten, weil wir uns im Dickicht der Möglichkeiten verloren haben.

Warum also Runen?

Runen vereinfachen, indem sie Möglichkeiten reduzieren. Darin sehe ich ihre besondere Gabe. Zugleich entbehren sie nicht der Tiefe und laden uns immer ein, noch genauer hinzuschauen und uns mit den Hintergründen unserer Lebenslage auseinanderzusetzen. Diese Einladung sprechen sie immer aus, auch wenn wir ihr nicht immer Folge leisten wollen, sondern die eine klare Antwort gerade genau das Richtige war. Wenn wir aber den Impuls haben, die Antwort der Rune zu vertiefen, dann können wir eine weitere Dimension ihrer Magie erleben. Wir können zum Beispiel Folgerunen ziehen, um eine einmal gezogene Rune in ihrer Bedeutung näher zu beschreiben. Daraus kön-

Alter Runenstein aus der Wikingerzeit

nen sich ganze Geschichten entwickeln, die etwas über unser Leben und die Zusammenhänge, in die unser aktuelles Erleben gebettet ist, erzählen. Vom konkreten Umgang mit den Runen wird in einem späteren Abschnitt noch die Rede sein.

Noch ein paar Worte zu diesem Buch und seinem Aufbau.

Mit diesem Buch möchte ich Sie einladen, eigene Erfahrungen mit den Runen zu sammeln, und zwar möglichst konkret. Gehen Sie hinaus in die Natur, nehmen Sie die Runen mit und machen Sie es zur guten Gewohnheit, sie bei jeder Gelegenheit, die sich ihnen als geeignet anbietet, eine oder mehrere Runen zu ziehen, um dann über ihr Leben zu reflektieren. Weil die eigene Erfahrung im Vordergrund steht, beschränke ich den wissenschaftlichen Exkurs zu den Runen auf das Nötigste und stelle ihn ans Ende des Buches. Hier finden Sie die wichtigsten Fakten zur Historie. Im Vordergrund aber stehen die Zeichen selbst, und zwar ganz konkret ihre Gestalt. Die zahlreichen Abbildungen sollen Ihnen helfen, in das innere Wesen der Runen einzutauchen, um ganz eigene Facetten für sich zu entdecken. Ein Bild sagt in diesem Fall oft mehr als 1000 Worte, weil es unsere Fantasie anregt und die Ideen, die wir zu den Runen entwickeln, mit ganz eigenen Empfindungen anreichern kann. Ein entsprechender Vers aus einem Runengedicht liefert weitere Bilder, die unsere Vorstellungskraft befeuern können.

In diesem Buch arbeite ich mit den 24 Runen des sogenannten Älteren Futhark. Es gibt andere Runenalphabete, solche mit 16 Zeichen – das jüngere Futhark, ein in der späteren Wikingerzeit vereinfachtes Alphabet – und solche mit 18 Zeichen, das sogenannte »Armanen-Futhark«, ein Kunstprodukt, das seine Ursprünge in rechtsesoterischen Kreisen der Jahrhundertwende hat und von dem ich grundsätzlich abrate. Das ursprüngliche und älteste Runenalphabet hat die 24 Zeichen, die in den folgenden Kapiteln ausführlich beschrieben werden. Sie können sich Runen aus Holz oder einem anderen Material besorgen. Für den Anfang können Sie natürlich auch Runen auf Zettel malen und dann mit ihnen arbeiten. Wer allerdings auf den Geschmack gekommen ist, der wird nicht umhin können, sich Runen aus einem beständigeren Material anzuschaffen. Holz ist deshalb eine gute Wahl, weil es in so vielen verschiedenen Varianten vorkommt und natürlich, weil es besonders leicht ist, wenn wir es auf Wanderungen mitnehmen wollen. Im Internet finden Sie Shops, in denen Sie sich einen Satz Runen des älteren Futhark besorgen können.

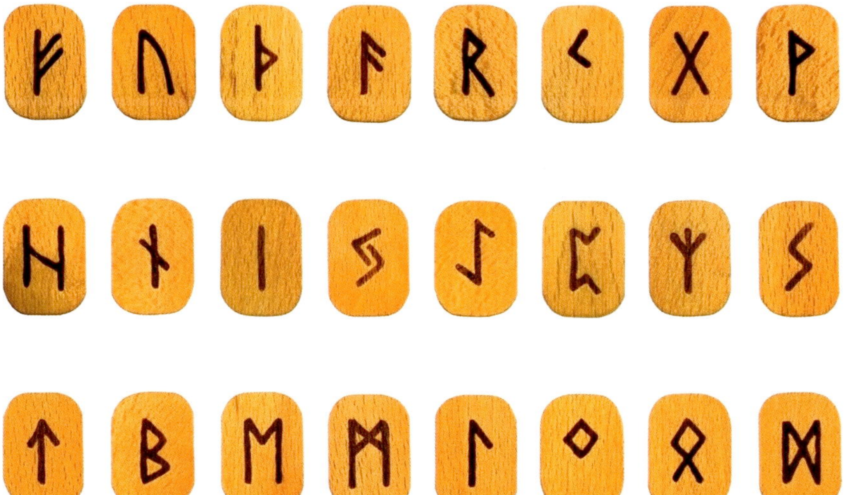

Runenalphabet

Die drei Geschlechter

Bevor wir in die Einzeldeutung der Runen eintauchen, ein paar Gedanken zur Struktur, in die die 24 Zeichen eingebettet sind. Dabei kommen Sie mit der Bedeutung der Runen in Berührung, wie sie sichtbar wird, wenn wir sie nicht isoliert betrachten, jede Einzelne für sich, sondern als ein System, indem sich die Runen wechselseitig bedingen.

Jeweils acht aufeinanderfolgende Runen bilden traditionell eine Einheit, ein sogenanntes aett, was so viel wie »Acht« bedeutet, gerne aber auch mit »Geschlecht« übersetzt wird. Damit wird angedeutet, dass jeweils acht Runen so etwas wie eine Familie bilden, also in einem engeren Sinnzusammenhang gesehen werden können.

Bei den 24 Runen des gemeingermanischen Futhark haben wir es entsprechend mit drei aettir oder Geschlechtern mit je acht Runen zu tun. Zwei dieser Achterreihen werden nach Göttern der nordischen Mythologie bezeichnet: das erste Geschlecht nach dem Gott Freyr und das dritte Geschlecht nach dem Gott Tyr, beide nach dem Laut der ersten Rune im jeweiligen aett. Das zweite Geschlecht heißt Hagal, einfach nach der ersten Rune. Diese Bezeichnungen sind zwar erst aus dem 17. Jahrhundert überliefert und beziehen sich auf das jüngere Futhark aus 16 Runen, werden aber auch auf die Runenreihe des älteren Futhark übertragen.

Erstes Geschlecht des Freyr (Fehu Aett oder Freyrs Aett)

FEHU, URUZ, THURISAZ, ANSUZ, RAIDHO, KENAZ, GEBO, WUNJO

Zweites Geschlecht des Hagal (Hagal Aett)

HAGALAZ, NAUTHIZ, ISA, JERA, EIHWAZ, PERTHRO, ALGIZ, SOWILO

Drittes Geschlecht des Tyr (Tiwaz Aett oder Tyrs Aett)

TIWAZ, BERKANA, EHWAZ, MANNAZ, LAGUZ, INGWAZ, DAGAZ, OTHALA

Dass die Runenreihen in diese drei Geschlechter eingeteilt wurden, steht fest, welchen Sinn man aber dieser Gruppierung gab, bleibt weitestgehend offen. Möglicherweise fasste man auf diese Weise bestimmte Themenkomplexe zusammen. Das erste Runengeschlecht, das mit dem Vanengott der Fruchtbarkeit Freyr betitelt wird, handelt nach Ansicht einiger Runenexperten davon, wie wir ein gutes Leben führen können, denn die Runen umfassen Themen wie Besitzverhältnisse, Schutz gegen Feinde usw. Das zweite Runengeschlecht enthält Anspielungen auf Naturerscheinungen wie Hagel, Schnee, Sonne und

Kampf zwischen Freyr und Surt. Illustration von Lorenz Frølich

könnte daher für das Eingebundensein des Menschen in die Natur stehen, mit allen Herausforderungen, die sich ihm dabei stellen, aber auch allem Nutzen. Das letzte Runengeschlecht, dem man den Gott Tyr voranstellt, soll auf den Menschen und sein Eingebundensein in ein soziales Gefüge hinweisen (vgl. Gardenstone, Germanische Magie, 4th ed. Arun-Verlag, 2010, S. 88f.).

Auf die Bedeutung der Zahl Drei in der germanischen Religion hat bereits Gardenstone verwiesen: drei Nornen, drei Götter, die am Anfang der Schöpfung auftreten, dreimal drei Welten am Weltenbaum. Auch viele andere Mythologien weisen dieser Zahl einen hohen Stellenwert zu, fassen beispielsweise Götter in Triaden zusammen: Osiris – Isis – Horus bei den Ägyptern, Brahma – Vishnu – Shiva im Hinduismus und nicht zuletzt in der christlichen Mythologie Vater – Sohn – Heiliger Geist (auch wenn streng genommen hier nicht drei Götter vorliegen, sondern drei Aspekte des göttlichen Wesens). Dahinter steckt ein universelles menschliches Konzept, das seinen Niederschlag in vielen spirituellen Lehren gefunden hat, zum Beispiel auch in den drei Wegen des Yoga jnana – karma – bhakti, den drei Gunas tamas – sattva – rajas.

Aber wir müssen gar nicht so weit gehen, um uns das Besondere der Dreizahl für den Menschen zu verdeutlichen. Sind nicht auch für uns heute noch »aller guten Dinge drei«? Kennen wir nicht den »lachenden Dritten«, der über die beiden Streitenden triumphiert? Auf eine gewisse Weise macht die Dreizahl erst etwas vollständig. So tauchen in unserer Sprache wie von selbst Dreiergruppen auf, wenn es darum geht, ein Ganzes zu beschreiben: Vater, Mutter und Kind; Sonne, Mond und Sterne; Anfang, Mitte, Ende; Körper, Seele und Geist; das Gute, das Wahre und das Schöne. Die Drei rundet ab, erzeugt ein Empfinden von Ganzheit.

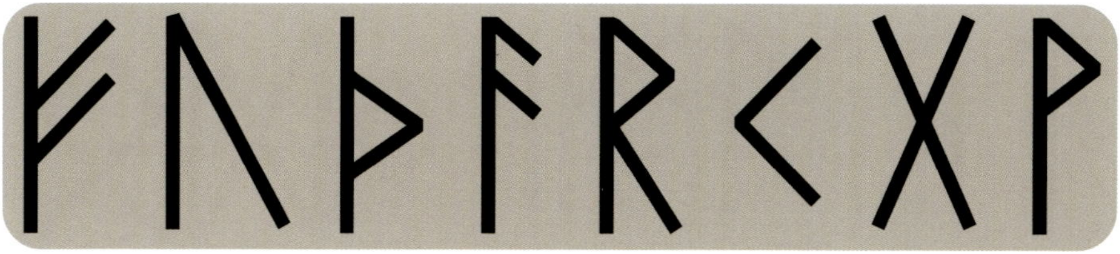

Auf der Basis der Überlegungen des Religionsphilosophen Frithjof Schuon (Schuon, Frithjof, Von der inneren Einheit der Religionen, Interlaken 1981) entwickelten Insa Sparrer und Matthias Varga von Kibéd das Modell der drei Grundbedürfnisse des Menschen, die sie Glaubenspole nennen (Sparrer, Insa, von Kibéd, Matthias, Ganz im Gegenteil, Heidelberg 2005, S. 133ff.). Diese drei Grundbedürfnisse sind: Liebe, Erkenntnis und Ordnung.

Meinem Erleben nach stehen die Runen-Achter mit diesen drei Grundbedürfnissen in Zusammenhang, wobei Fehu Aett mit Liebe korrespondiert (siehe Abb. oben), Hagal Aett mit Ordnung (siehe Abb. unten) und Tiwaz Aett mit Erkenntnis (siehe Abb. nächste Seite oben).

Liebe steht für unser Bedürfnis nach Vertrauen, Mitgefühl, Wertschätzung, Geborgenheit. Es ist unser Wunsch nach Verbundensein mit der Welt, der Hingabe an das, was gerade ist. Die Runen der ersten

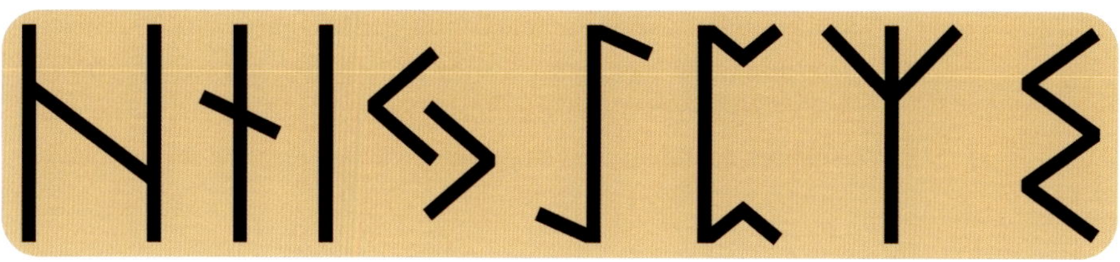

ᛏᛒᛖᛗᛚᛜᛞᛟ

Familie erzählen uns, welche Erfahrungen uns erwarten, wenn wir uns auf die Welt einlassen und uns als Teil der Welt erleben.

Ordnung entspricht im Gegensatz dazu dem Bedürfnis nach Unterschiedensein, nach Trennung und damit dem Bewusstsein, ein eigenständiges Wesen zu sein: Hier bin ich – und da die anderen. Ordnung finden wir im Pflichtgefühl, im Bedürfnis nach Gerechtigkeit und dem Wunsch nach Struktur. Die Runen der zweiten Familie beschreiben Erfahrungen, die uns deutlich machen, dass wir einen Platz im größeren Ganzen besitzen – und dass wir auch manchmal auf diesen Platz verwiesen werden. Sie zeigen uns unsere Grenzen auf – und was wir im Rahmen dieser Grenzen tun können, um uns zu verwirklichen.

Erkenntnis spiegelt sich in unserem Bedürfnis nach Klarheit, Wissen, Einsicht und Wahrhaftigkeit. Die letzten acht Runen fassen Erfahrungen zusammen, die sich aus den ersten beiden Geschlechtern ergeben und übertragen diese auf die geistige Ebene. Sie betreffen in erster Linie den rein menschlichen Standpunkt, während die beiden ersten Familien zwei übergeordnete Zusammenhänge einbeziehen: im ersten *aett* den Menschen eingebunden in den Kosmos, im zweiten *aett* den Menschen als Teil der Natur.

Runen der Liebe

Das erste Geschlecht beschreibt demzufolge alle Erfahrungen, die uns als Menschen dabei helfen, uns als Teil des Kosmos zu empfinden und unseren Platz darin einzunehmen. Es geht um Hingabe an die Schöpfung und das Bewusstsein, selbst ein schöpferischer Teil davon zu sein.

Wenn man die ersten acht Runen in ihrer Reihenfolge als Geschichte versteht, ergibt sich so etwas wie ein Leitfaden der Entwicklung, die wir als Menschen durchmachen, wenn wir uns in Hingabe an die Welt üben.

- **FEHU.** Die Schöpfung der Welt steht am Anfang aller Entwicklung – hier wird der schöpferische Impuls zu ihrer Entstehung gesetzt.
- **URUZ.** Dieser schöpferische Funke muss sich in der Materie manifestieren, wie ein Samenkorn in den Schoß der Erde fällt, um dort zu wachsen und zu gedeihen.
- **THURISAZ.** Aus Feuer (fehu) und Erde (uruz) wächst die Natur, wild und ungeordnet, ein Hort ungebändigter Kräfte.
- **ANSUZ.** Dann werden diese Kräfte geordnet, verkörpert durch den Willen der Götter, die Ordnung schaffen und das Wilde zähmen.
- **RAIDHO.** Daraus entwickeln sich die Gesetze des Lebens, von Werden und Vergehen, das Rad des Lebens, dem wir alle unterliegen und die unseren Lebensweg bestimmen.
- **KENAZ.** Doch genau in der Unterwerfung unter diese Gesetze glimmt der Funke unseres Selbst in uns auf. Wir erkennen, dass wir das Feuer der Schöpfung auch in uns tragen. Wir werden unserer selbst bewusst.
- **GEBO.** Wir verstehen das Leben als Einladung, selbst schöpferisch zu werden und die Welt nach unserem inneren Ruf zu gestalten.

- **WUNJO.** Daraus erwächst die Freude des Verbundenseins mit der Welt – der Kreislauf ist geschlossen, denn wir sind nicht und Geschöpfe, sondern auch Schöpfer der Welt. Alles ist mit allem in der Gemeinschaft des Lebens verbunden.

Runen der Ordnung

Das zweite Geschlecht der Runen, angeführt von der Rune *hagalaz,* beschreibt die Erfahrungen, die wir als Menschen machen, wenn wir merken, dass wir uns von der Welt mit ihren natürlichen Phänomenen unterscheiden. Das Bewusstsein, ein eigenes, von der Natur unabhängiges Wesen zu besitzen, führt unvermeidlich zur Konfrontation mit dem Bestehenden – und dem Wunsch, das, was ist, nach dem eigenen Willen zu formen, ihm den unverwechselbaren Stempel der eigenen Individualität aufzuprägen. Die Runen der Ordnung beschreiben diese Herausforderung, indem sie uns mit den Kräften vertraut machen, denen wir uns stellen müssen – und lernen müssen, uns mit ihnen zu arrangieren.

- **HAGALAZ.** Zerstörung ist Teil des Lebenszyklus. Nur wenn wir bereit sind, uns von dem, was wir aufgebaut haben, auch zu wieder zu verabschieden, kann Neues in unser Leben treten.
- **NAUTHIZ.** Jeder Verlust ist eine Trennung von etwas und verbunden mit Gefühlen von Trauer und Schmerz. Das Unabwendbare kann uns Angst machen – aber auch der Schlüssel für die nächste Stufe unserer Entwicklung sein.
- **ISA.** Manchmal ist es wichtig, innezuhalten, um das Geschehene besser zu verarbeiten. Im Stillstand finden wir wieder zurück zu uns selbst und dem, was uns wirklich wichtig ist.

- **JERA.** Daraus kann das Verständnis erwachsen, dass wir nichts tun müssen, sondern dass es sinnvoll ist, darauf zu vertrauen, dass die Dinge sich auch von alleine zum Besseren wenden – wenn wir ihnen ihre eigene Zeit lassen.
- **EIHWAZ.** Darin offenbart sich uns die tiefe Einsicht von Leben und Tod, dem Zyklus aus Werden und Vergehen, dem alles unterworfen ist.
- **PERTHRO.** Aus der Tiefe dieser Einsicht entspringt eine neue Kraft: Was auch immer uns zufällt, ob wir es so wollten oder nicht, wird zur Chance, wenn wir ihm mit der entsprechenden Haltung begegnen.
- **ALGIZ.** Dies ist der Augenblick, in dem wir zu neuem Leben erwachen. Wir suchen nun nicht mehr nach Sicherheit im Außen, sondern erfahren Stabilität und Schutz aus unserer inneren Mitte. Wir sind frei und unabhängig.
- **SOWILO.** Am Ende eines langen Prozesses, der uns an unsere Grenzen geführt hat, gehen wir gestärkt hervor.

Der Wolf Fenris beißt in den Arm des Gottes Tyr (Isländisches Manuskript aus dem 18. Jahrhundert).

Runen der Erkenntnis

Das dritte Runengeschlecht setzt die Reise des Menschen durch die Welt der Phänomene fort. Nachdem er sich mit der Welt verbunden hat (Fehu Aett), um aus ihr Kraft zu schöpfen, dann seine Grenzen kennengelernt hat (Hagal Aett), um als eigenständiges Wesen zu bestehen, öffnet er sich der Welt erneut, jedoch als reife Persönlichkeit, deren Denken, Fühlen und Handeln nicht mehr gesteuert wird durch äußere Bedingtheiten, sondern gespeist wird aus dem einzigartigen inneren Ruf, den er in sich spürt. Nun steht er vor der Herausforderung, seinen Weg mit anderen Menschen zu gehen. In dieser Runenfamilie geht es darum, sein Wissen mit anderen zu teilen, die Kräfte zu bündeln, um gemeinsam die Zukunft zu gestalten. Aber es geht um mehr als nur den Übergang vom Ich über das Du zum Wir. Es geht um die Entdeckung des Lebenssinns als Ergebnis eines gemeinsamen schöpferischen Prozesses zwischen Menschen.

- **TIWAZ.** Am Anfang steht das Bewusstsein, dass ich allein bin – und dass aller Anfang von mir ausgehen muss. In diesem Augenblick erlebe ich mich als völlig eigenständig.
- **BERKANA.** Ich treffe auf ebenso eigenständige Wesen, wie ich selbst es bin. Ich merke, dass ich nicht allein bin, sondern dass wir viele sind.
- **EHWAZ.** Zwischen einzelnen Menschen spannt sich eine Verbindung auf, die hochkreativ ist und die Prozesse beschleunigt. In der Zusammenarbeit vervielfältigt sich die Stärke des Einzelnen.
- **MANNAZ.** Manche Beziehungen werden zu Verbindungen, in denen wir uns ergänzen. Partnerschaften und Freundschaften entstehen. Das Miteinander ersetzt das Gegeneinander.

Die Götter und Göttinnen sitzen bei einem Festmahl beim Meerriesen Ägir. Loki verspottet dabei die Götter. Dieses Ereignis ist der Auslöser für die endgültige Feindschaft zwischen den Asen und Loki.

- **LAGUZ.** Im Miteinander verschwinden die Grenzen zwischen dem Ich und dem Du - wir hören auf, einzeln zu sein und verbinden uns zu etwas Neuem.
- **INGWAZ.** Die Geburt des Neuen - aus der Verbindung von Zwei entsteht das Dritte, ein neues eigenständiges Wesen.
- **DAGAZ.** Der Neuanfang ist gesetzt und das Neue kann sich nun entfalten, es gedeiht und wächst.
- **OTHALA.** Das Neue, das der Zukunft entgegenstrebt, erhält seine Kraft aus der Bindung an die Vergangenheit. In der Balance zwischen Ursprung und Ziel liegt das Geheimnis des Sinns des Lebens.

Runen der Liebe: das Geschlecht des Freir

Fehu

Lautwert: f
Name: FEHU – das Vieh, Reichtum
Andere Namen: ae. Foeh, an. fé

Angelsächsisches Runengedicht

Feoh byþ frofur fira gehwylcum;
sceal ðeah manna gehwylc miclun hyt dælan
gif he wile for drihtne domes hleotan.

Reichtum ist ein Trost für alle Menschen,
doch sollte jeder es reichlich austeilen,
um im Angesicht des Herrn zu Ehren zu gelangen.

Bilderwelt

Vieh mit Hörnern

Wenn wir die Bedeutung des Wortes FEHU betrachten, ist es vorstellbar, im Zeichen die vereinfachte Form eines Rinderkopfes mit Hörnern zu sehen. Tatsächlich war für die nördlichen Völker gerade Vieh ein besonderer Ausdruck von Reichtum und mit die wichtigste Nahrungsquelle, vor allem in Gegenden, in denen Ackerbau aufgrund klimatischer oder topografischer Gegebenheiten nicht so ohne Weiteres möglich ist. In diesem Sinne ist die Rune FEHU in ihrer vordergründigen Bedeutung sehr einfach: Es geht um das, was ich habe, um Besitz, um Wohlstand und um Geld, wobei der Schwerpunkt auf der Art von Eigentum liegt, den ich an meinem Körper tragen kann, der also beweglich ist. In diesem Sinne steht FEHU vor allen Dingen für das, was

ich ganz unmittelbar und jederzeit zur Verfügung habe, womit ich immer rechnen kann, worauf ich mich verlassen kann.

Dazu gehört in erster Linie mein Körper und das mit ihm verbundene leibliche Wohl. Es ist der Leib, der meine Existenz von Anfang an sichert, seine Unversehrtheit garantiert mir mein Überleben. Wer also FEHU zieht, der wird veranlasst, seine Aufmerksamkeit auf seinen Körper zu richten, auf die Dinge, die er braucht, auf die Frage, wie wir mit seinen Bedürfnissen umgehen und was wir unserem Körper angedeihen lassen. Ernährung gehört zu FEHU genauso wie die Fähigkeit zu genießen, es sich gut gehen zu lassen.

Rinder waren aber mehr als nur eine Nahrungsquelle: der Ochse konnte auch einen schweren Wagen ziehen und das Feld bestellen. Gerade in diesem Zusammenhang wird klar, dass Viehbestände nicht nur im Gegensatz zu Häusern beweglichen Besitz verkörpern, sondern auch Besitz in Bewegung, wenn wir uns vorstellen, wie eine Sippe auf Wanderschaft all ihr Hab und Gut in einen Wagen packt, um einen neuen Ort aufzusuchen und ein neues Zuhause zu gründen. Beweglicher Besitz ist auch das, was im Runengedicht anklingt: Es ist Besitz, den ich mit anderen teilen kann, von dem ich anderen abgeben kann. Dies erinnert stark an die Bedeutung von Geld, das ja den Vorzug hat, als Tauschmittel zu dienen und leicht von einer Hand in die andere zu wandern. »Geteilte Freude ist doppelte Freude«, mag uns die Botschaft des Runengedichtes vermitteln. Tatsächlich geht es bei FEHU weniger darum, Besitz anzuhäufen, sondern das, was wir haben, sinnvoll einzusetzen.

Getreideähre mit den Grannen

Wenn wir uns in unserem Körper wohlfühlen, dann fühlen wir uns stark. Die Kraft, die wir dann spüren, gibt uns das Empfinden von Sicherheit, von Halt in dieser Welt. Dabei sind wir nicht nur einfach stark, sondern auch beweglich – wie der Getreidehalm, der sich der Kraft des Windes beugt, aber nicht bricht, sondern sich neigt, um sich bald wieder aufzurichten. Das Zeichen der Rune kann auch als ein solcher stilisierter Getreidehalm gesehen werden mit den zum Beispiel für Gerste oder Hafer typischen Grannen. FEHU erinnert uns dann daran, dass stark zu sein und beweglich zu bleiben keine Gegensätze sind, sondern sich bedingen.

Nur wer gut verwurzelt ist, kann sich diese Beweglichkeit leisten. Guten Halt in der Welt haben heißt dann: »wohl stehen«, heißt Wohlstand. Dieser ist die unmittelbare Folge davon, dass ich einen festen Stand habe. Die Stärke von FEHU verschafft uns eine gute Ausgangsposition, Fülle in unserem Leben anzuziehen und überhaupt zuzulassen. »Der Teufel scheißt stets auf den größten Haufen«, heißt es. Was hier nicht gerade vornehm ausgedrückt wird, ist die Kraft von FEHU: Wo Selbstbewusstsein herrscht, wo ich mir meines Wertes bewusst bin, wo ich weiß, was mir zusteht, brauche ich nicht viel zu tun – Wohlstand kommt mühelos. Geld ist Ausdruck dieses Wohlstandes – nicht umgekehrt.

Der Wind, der durch ein reifes Feld voller reifem, goldgelbem Getreide weht, ist ein wunderschönes Bild für FEHU, denn es verkörpert die Fülle, die mit dieser Rune in Verbindung steht. Es ist eine Fülle, die uns diese Rune bewusst machen möchte. Sie sagt uns: Du hast alles, was du brauchst – und noch viel mehr.

Feuerflamme

Das Wort FEHU hat möglicherweise eine etymologische Verwandtschaft mit dem Wort »Feuer«. Auch Feuer hat beides: es haftet und es ist beweglich. Es haftet. Weil es immer etwas braucht, von dem es sich nähren kann, ein Material, das brennt. Wenn wir das Runenzeichen zur Seite kippen, dann könnten wir darin auch einen Holzscheit mit darauf tanzenden Flammen sehen. FEHU zeigt uns in diesem Zusammenhang, dass Kraft etwas ist, das wie ein Feuer in uns lodert. In jedem von uns brennt eine solche Flamme. Sie gibt uns selbst Wärme und Licht, aber sie ist auch dazu gedacht, weitergetragen zu werden, anderen Licht und Wärme zu heben. Unsere Lebensflamme besitzt die Kraft, die Welt zu erleuchten. Wir können andere mit unserer Begeisterung »anstecken«, wenn wir eine Idee haben. Dadurch wird unser

inneres Feuer weitergetragen – und vermehrt sich. Jeder von uns ist mit einem inneren Auftrag geboren worden, einem Urgrund, der uns die Gewissheit gibt, dass das Leben aus mehr besteht als nur Essen, Trinken und Schlafen. Wir fühlen uns dazu berufen, durch unser Dasein die Welt zu bereichern, den Reichtum in der Welt durch unser Leben zu vermehren. Das ist der Hintersinn von FEHU: mehr aus uns selbst zu machen, indem wir uns selbst an die Welt verschwenden, unsere innere Fülle in die Welt zu tragen.

Bedeutung

FEHU erinnert uns daran, dass Reichtum keine Frage einer bestimmten Summe auf einem Bankkonto ist. Geld und Besitz mögen uns das Gefühl von Sicherheit geben, aber diese Sicherheit kann sich schnell als Illusion erweisen, wenn wir unser Vermögen nicht als etwas betrachten, das dazu gedacht ist, uns schöpferisch in der Welt auszudrücken. Vermögen will beweglich sein, und das heißt, wir sollten uns durch FEHU eingeladen fühlen, das, was wir haben, auch zu investieren, in unsere Zukunft, in andere Menschen, in uns selbst. Der Reichtum, der auf uns zurückkommt, wenn wir das, was wir haben, nicht nur horten, sondern Ausdruck eines inneren Schatzes ist, den wir bereits auf die Welt mitgebracht haben, ist kostbarer als alles Gold der Welt.

Stichwörter

Wohlstand, Reichtum, (beweglicher) Besitz, Geld; Fruchtbarkeit, Leben, Zeugungskraft; Tatkraft; etwas in Bewegung setzen, etwas anpacken.

Uruz

Lautwert: u
Name: URUZ – Urrind, Auerochse
Andere Namen: ur

Angelsächsisches Runengedicht

Ur byþ anmod ond oferhyrned,
felafrecne deor, feohteþ mid hornum
mære morstapa; þæt is modig wuht.

Der Auerochse ist stolz und hat große Hörner
Ein wildes Tier, das mit seinen Hörner kämpft
Es streift durch die Moore, ist ein Geschöpf voll Mut.

Bilderwelt

Hörner eines Auerochsen

Die Rune URUZ, benannt nach dem Ur, dem bereits im 17. Jahrhundert ausgerotteten Auerochsen, erinnert in ihrer Gestalt an die Hörner eines solchen Urrindes, wenn man sie von oben betrachtet. Manche sehen in der Gestalt der Rune auch die Umrisse des Tieres, wie es mit gesenktem Kopf auf der Wiese steht. Diese gewaltigen wilden Tiere konnten in unseren Breiten eine Schulterhöhe von bis zu zwei Metern erreichen und ähnelten wohl dem heutigen Heckrind. Auch Wisente können uns in ihrer äußeren Erscheinung einen Eindruck davon geben, wie Auerochsen, die einst mächtigsten Landtiere Europas, auf den Menschen gewirkt haben können. Ohne Zweifel verkörpern sie Stärke, aber als ungezähmte Kraft der Natur. Die eiszeitlichen Höh-

lenmaler verewigten in ihren mystischen Bildern dieses Tier. Cäsar berichtet, dass das Erlegen eines Urs als Initiationsritus für junge Männer galt. Dabei wurden die mächtigen Tiere in eine Fallgrube gelockt, bevor sie zeremoniell getötet wurden. Die Gestalt der Rune könnte umgedreht auch diese Grube darstellen. Die Hörner eines erlegten Rindes wurden mit Gold und Silber verziert zu kostbaren Trinkgefäßen verarbeitet, von denen heute noch einige erhalten sind, aus der Haut aber wurde ein magisches Leder für zauberkräftige Gürtel gefertigt. Auch dem Herz und den Knochen wurden magische Fähigkeiten nachgesagt. Das Horn des Auerochsen ist auf der einen Seite eine gefährliche Waffe und daher geeignet, das Leben zu verteidigen, auf der anderen Seite ist es aber auch ein Gefäß, das aufnehmen und bewahren kann. Auch erinnert das gebogene Horn des Ur an die Sichel des Mondes, die wie eine aufnehmende Schale gesehen werden kann oder eine Barke, die über den Nachthimmel reist, wie beispielsweise auf der Himmelsscheibe von Nebra zu sehen ist.

Nieselregen

Weil es im Skandinavien des 13. Jahrhunderts keine Auerochsen gab, erkannte man in URUZ ein anderes Bild: das des fallenden Regens, und zwar in seiner feinen, sich über die Erde verteilenden Form des Niesel- oder Sprühregens. Es ist die Feuchtigkeit, die sich über Acker und Land senkt und es fruchtbar macht. Im angelsächsischen Runengedicht erinnert das Bild des durch die Moore streifenden Auerochsen an diese Verbindung von Wasser und Erde. URUZ steht für die alles durchdringende Fruchtbarkeit der Natur, ihre kraftstrotzende Fülle. Das Symbol des Füllhorns, aus dem die Früchte quellen, verbindet diesen Gedanken mit dem Horn des Urrindes. URUZ verkörpert die nie versiegende Quelle alles Lebens, den unerschöpflichen Schoß der Erde, aus dem Nahrung für alle fließt. Auch der Mond passt gut zu diesem Bild, denn der feine Tau, der sich morgens auf den Wiesen und Feldern befindet, wird als Tränen des Mondes gedeutet. Tau entsteht im Zwielicht, wenn die Nacht zum Tag wird, an der Grenze zwischen Dunkelheit und Licht. Daher trägt er im Volksglauben auch Kräfte dieser Übergangszeit und besitzt magische Kräfte. Andererseits steht er auch für die Erneuerung des Lebens nach der dunklen Nacht.

Eingang einer Höhle

Die Gestalt der Rune kann aber auch an den Eingang einer Höhle erinnern und verstärkt dadurch noch die Vorstellung von der Kraft, die aus der Tiefe kommt. Höhlen wurden wohl in allen Kulturen als mystische Orte begriffen, als Zugang zum Schoß der Mutter Erde, aus dem wir alle kommen und in den wir eines Tages wieder zurückkehren werden. In vielen Kulturen sucht der Schamane Höhlen auf, um dort mit den Geistern der Erde in Verbindung zu treten, denn Höhlen sind Orte, an denen wir zu besonderen Erkenntnissen gelangen können, vielleicht weil dort unsere Sinne von den Ablenkungen des Alltags geschützt sind und uns die Dunkelheit besser auf uns selbst konzentrieren lässt. Alle Aufmerksamkeit kann nach innen und auf die Bilder, die aus unserer inneren Mitte aufsteigen, gelenkt werden. In Mythen und Mär-

chen werden in Höhlen häufig Schätze gefunden, doch der Weg zu ihnen ist oft mit Gefahren verbunden und der Sucher muss schreckliche Ungeheuer besiegen, bevor er diesen Schatz heben kann. Nicht umsonst sind häufig die Götter der Unterwelt zugleich auch Götter der Bodenschätze, wie der griechisch-römische Gott Hades-Pluto. Aber auch in der germanischen Mythologie findet sich eine solche Gottheit, die düstere Göttin Hel, von der sich unsere Hölle ableitet als einem lichtlosen und grausamen Ort der Strafe. Dass Hel jedoch auch ein anderes Gesicht hat, zeigt eine andere Herrscherin der Unterwelt, die in den Märchen überlebt hat: Frau Holle - auch ihr Name weist auf das Wort Höhle hin. In ihr erkennen wir noch deutlich die Göttin, die über die Kräfte der Natur herrscht, indem sie es schneien und regnen lassen kann. Wer zu Frau Holle hinabsteigt - bezeichnenderweise durch einen Brunnen -, kann reich belohnt zurückkehren.

Wurzeln

Auch die Form von Wurzeln, die in das Erdreich greifen, kann in der Gestalt der Rune gesehen werden: URUZ zeigt uns, wie gut wir in der Erde verwurzelt sind, wie sicher unser Stand ist und wie gut wir Halt in unserem Leben haben. Die Wurzeln eines Baumes sind zwar zum größten Teil unsichtbar, aber sie bilden die Grundlage seiner gesamten Existenz. Während wir die Krone mit ihren Früchten und grünen Blättern bewundern, kommt die eigentliche Kraft aus der Tiefe. Im übertragenen Sinne steht URUZ daher auch für den Urgrund unseres Daseins, das Fundament, auf dem wir unser Leben aufbauen. Damit ist auf der einen Seite im wahrsten Sinne des Wortes der Ur-Grund gemeint, also jener Auftrag, mit dem wir in dieses Leben gestartet sind und der uns immer wieder Kraft gibt, nach Sinn in diesem Leben zu suchen. Ande-

rerseits steht er auch für den Ursprung unseres Lebens, für unsere Herkunft und die Prägungen, die wir daraus erfahren haben.

Bedeutung

URUZ steht für die Urkraft der Natur, aber eher im Sinne von Widerstandskraft. So verkörpert URUZ die Kraft, die zu Stärke gebündelt wird und sich in uns sammelt. Es ist die Kraft, die wir haben und auf die wir vertrauen können. Manchmal verlieren wir vielleicht den Kontakt zu dieser Kraft, dann fühlen wir uns geschwächt und dem Leben ausgeliefert. URUZ verbindet uns dann wieder mit uns selbst, indem sie uns Mut macht, die Quelle der Kraft neu zu entdecken. Dabei müssen wir hinabsteigen in unsere eigenen Tiefen. URUZ verkörpert den Schatz in unserem Inneren. Wer sich auf URUZ einlässt, merkt, dass er alles, was er braucht, um in dieser Welt zu bestehen, in sich findet. Dazu braucht es Mut, doch die hat der Auerochse. So gibt uns URUZ die Zuversicht, dass wir auf der Suche nach der inneren, nicht versiegenden Quelle der Kraft über genügend Stärke verfügen – wir müssen es nur wagen. Der Lohn für unsere Mühen, uns mit unseren Wurzeln wieder zu verbinden, ist ein stärkerer Halt in der Welt – und damit auch größere Unabhängigkeit von den Irrungen und Wirrungen, denen wir uns in unserem Leben ausgesetzt sehen. Wir werden zu einem Fels in der Brandung – zum stolzen Auerochsen.

Stichwörter

Stärke, Verwurzelung, Absicherung; Kraft aus der Tiefe, Ursprung; Fruchtbarkeit der Erde, Mutter Erde, Nahrung; etwas bewahren wollen; erdverbunden, irdisch, stabil, fest.

Thurisaz

Lautwert: th (stimmlos wie in englisch »thorn«)
Name: THURISAZ – Thurse, Dorn
Andere Namen: thorn

Angelsächsisches Runengedicht

Ðorn byþ ðearle scearp;
ðegna gehwylcum anfeng ys yfyl,
ungemetum reþe manna gehwelcum, ðe him mid resteð.

Der Dorn ist äußerst spitz;
schlimm für jeden Ritter, ihn zu berühren,
unangenehm für jeden, der sich zwischen den Dornen niederlässt.

Bilderwelt

Riese

Ihrer Gestalt nach ähnelt die Rune am deutlichsten einem Dorn und es spricht vieles dafür, dass dies das eigentliche Urbild für THURISAZ ist. Doch der Name verweist auf einen Thursen, auf einen Riesen aus der germanischen Mythologie also. Riesen gehören zu den ältesten Wesen der Welt. Das erste Lebewesen war der Urriese Ymir und von ihm sollen alle anderen Riesen abstammen. Er wurde von den Göttern Odin, Wili und We erschlagen und aus seinem Leib die Welt geschaffen. Weil die Riesen von Anbeginn der Zeiten existierten, glaubte man, dass sie deshalb weise seien, wie beispielsweise Mimir. Riesen verkörperten aber auch die chaotischen Kräfte der Natur. Man erkannte ihr Wirken in Naturkatastrophen wie auch Stürmen, Überschwemmun-

gen und Erdbeben. Sie regierten Feuer und Eis, Wasser und Felsen. Wenn die Riesen wütend waren, waren die Menschen den Naturkräften schutzlos ausgeliefert. Immer wieder fordern Riesen die Götter zum Kräftemessen auf, ein Hinweis darauf, dass die göttliche Ordnung, auch wenn sie am Ende siegt, immer wieder von den Kräften des Chaos infrage gestellt wird. In der sogenannten Götterdämmerung bekämpfen sich die Riesen und die Götter ein letztes Mal. Die Götter und Asen werden dabei von Odin angeführt. Im großen Endkampf vernichten sich beide Seiten fast vollständig. Am Ende ersteht aus den Trümmern der alten Welt eine neue. In den Märchen und Sagen leben die Thursen als Trolle, Oger, wilde Männer oder auch Steine schleudernde Teufel fort. Sie verkörpern, ähnlich den Drachen, die Macht der Natur in ihrer ungezügelten, nicht zu beherrschenden Form, die immer wieder über den Menschen hereinbricht, so sehr er auch glaubt, alles unter Kontrolle zu haben. Andererseits ist es genau diese wilde Kraft, auf die der Mensch angewiesen ist: er braucht das Wasser der Flüsse, den Wald und die Schätze der Erde. Aus dem Chaos entsteht so der Kosmos, aus der uranfänglichen Unordnung die geordnete Schöpfung. Der Mythos verewigt dies im Bild des Sieges über den Riesen, ebenso wie im Bild des Drachentöters. Am Rande dieser Ordnung aber existiert das Wilde weiter und stellt die Schöpfung immer wieder in Frage. Die Störungen durch die Unordnung sind richtig verstanden aber nichts anderes als Impulse, das Geschaffene immer wieder zu überdenken. Das mag unangenehm sein, aber wenn Erstarrung verhindert werden soll, ist es nötig, immer wieder aus dem Gleichgewicht geraten.

Dorn

Damit ergänzt sich die Idee des Riesen als ein die Ordnung störendes Wesen mit dem Grundgedanken des Dorns. Auch dieser ist ein potenziell störendes Element, wie das Sprichwort vom »Dorn im Auge« belegt. Der Dorn stachelt uns im wahrsten Sinne des Wortes an. Im altenglischen Gedicht wird betont, wie wenig erfreulich die Begegnung mit dem Dorn ist – und doch scheinen wir von ihm umgeben zu sein, so wie das Chaos am Rande des Kosmos weiter existiert und fortwirkt. Schöpfung muss eben ununterbrochen fortgesetzt werden, die Welt ist nicht ein für alle Mal gut so, sondern befindet sich in einem fortwährenden Akt des Entstehens – und kann daher auch immer besser werden! Sie ist nicht perfekt, vollkommen, vollendet, und daher ist es auch möglich, sie immer wieder neu zu gestalten. Der Dorn ist ein Bild für diese Unvollkommenheit der Welt – jede Rose hat ihre Dornen, und das müssen wir in Kauf nehmen. Das Vollkommene mag erstrebenswert erscheinen, aber es ist im Grunde genommen das Endstation eines Prozesses – und damit das Ende, der Tod. Perfektion ist leb-

los. Der Dorn nervt uns, aber er hält uns auch am Leben, aktiviert uns, hält uns an, immer wieder aufs Neue das, was wir geschaffen haben und gerne bewahren wollen, zu hinterfragen. Er ermutigt uns letztlich, eine bessere Version unserer Selbst zu werden.

Pflugschar

Daran knüpft sich eine weitere Idee von THURISAZ: dass Verletzung oft nötig ist, um etwas zu erreichen. Das Bild dazu ist der Pflug, der den Acker aufreißen muss, damit die Saat von der Erde aufgenommen werden kann. Aber auch die Klinge, das wir einsetzen müssen, wenn wir uns gegen das allgegenwärtige Chaos zur Wehr setzen wollen, zum Beispiel, wenn wir die Ordnung in unserem Garten pflegen wollen und dazu Unkraut ausreißen und Büsche und Bäume beschneiden müssen. Täten wir dies nicht, machten die chaotischen Kräfte der Natur binnen kürzester Zeit jegliche schöpferische Anstrengung zunichte. Schöpfung heißt auch immer, sich für etwas zu entscheiden – und damit auch gegen etwas. Es ist die Einschränkung dessen, was alles an sich möglich ist, auf das, was jetzt wirklich werden soll. Auch dazu verhilft THURISAZ. Gerade in Augenblicken, in denen wir uns gestört fühlen, die Dinge nicht so laufen wie geplant, erhalten wir die Chance, unseren Weg zu korrigieren. Dabei müssen wir oft genug in Kauf nehmen, auch andere zu verletzen, indem wir uns für das entscheiden, was jetzt gerade dran ist, um weiterzukommen.

Bedeutung

THURISAZ steht für das Wilde in der Welt, den Zustand vor der Schöpfung, in dem noch alles ungeordnet ist und keine Struktur besitzt. Diese Unordnung reicht immer wieder in unser Leben hinein und scheint das, was wir uns aufgebaut haben, zu bedrohen. Doch anstatt in Furcht zu erstarren oder sich zornig dagegen zu wehren, könnten wir diese Störung genauer betrachten und sie als Gelegenheit sehen, unser bisheriges Leben zu hinterfragen. Mit Sicherheit zeigen uns diese Störungen Stellen in unserem Gefüge auf, an denen wir etwas verbessern können oder wo wir vielleicht sogar neue Wege einschlagen können, um unsere Persönlichkeit weiterzuentwickeln. Manchmal bedeutet der Entschluss, sich selbst zu verändern, Unsicherheit in die Welt anderer zu bringen. Dann fürchten wir uns vielleicht davor, unseren Weg zu gehen, weil wir niemandem weh tun wollen. Doch THURISAZ macht uns klar, dass Entwicklung nur möglich ist, wenn wir beherzt in Kauf nehmen, anderen auf die Zehen zu treten – für andere ein Dorn im Auge zu sein. Denn wir können es nicht allen recht machen.

Stichwörter

Störung, Zerstörung, Bedrohung; Verletzung, andere verletzen; Chaos, Unordnung; das Mögliche zulassen, Chance zur Entwicklung; Impulse zur Veränderung; »vom Guten des Schlechten«, das Ungelegene in eine Gelegenheit verwandeln.

Ansuz

Lautwert: a
Name: ANSUZ – Ase, Gottheit; Mund
Andere Namen: as, os

Angelsächsisches Runengedicht

Os byþ ordfruma ælere spræce,
wisdomes wraþu ond witena frofur
and eorla gehwam eadnys ond tohiht.

Os ist die Quelle aller Sprache
Die Säule der Weisheit und Trost den Weisen
Segen und Freude für jeden Edelmann

Bilderwelt

Vogel im Flug

Wenn man die Rune ANSUZ auf ihre Grundlinie kippt, kann man in ihrer Gestalt einen Vogel im Flug erkennen (vgl. von Neményi, Géza, Heilige Runen: Zauberzeichen des Nordens, München 2004, S. 122f.). Ist es der Seelenvogel, der nach alter Vorstellung mit dem letzten Atemzug aus dem Mund des Verstorbenen fliegt? So erklärt sich möglicherweise auch der Zusammenhang mit dem zweiten Namen der Rune *os* für »Mund«. Wenn wir dieses Bild annehmen, dann sehen wir in den Himmel aufsteigende Vögel, wobei Himmel dann zwei Bedeutungen einnehmen kann: der Himmel über unseren Köpfen, der in fast allen Kulturen zugleich auch der Sitz der obersten Götter ist, und der Himmel als das Reich, in dem die Seele nach dem Tod des Körpers

einkehrt. Der Aufstieg von der Erde ist zugleich auch die Befreiung von der Materie, dem Gebundensein und auch Gefangensein im Irdischen mit all seinen Bedingtheiten und Begrenzungen. Frei wie ein Vogel – in diesem Bild verdichtet sich das Urbedürfnis des Menschen nach Unabhängigkeit und Freiheit. ANSUZ verbindet uns mit diesem Urbedürfnis und lässt uns den Blick nach oben richten, wohin die Vögel fliegen, auf das Himmelszelt.

Odin

Übereinstimmend bringen die meisten Überlieferungen Odin, den Vater der Asen, mit der Rune ANSUZ zusammen. Odin steht damit stellvertretend für die ordnende Macht des Kosmos, war er doch einer der drei Götter, die aus dem Leib des ermordeten Urriesen Ymir die Welt erschaffen haben. Er verkörpert das Prinzip der Ordnung, die über das Chaos siegt – oder es zumindest mehr oder weniger erfolgreich in Schach hält. An ihn wenden sich die Menschen, um für sich und ihr

Odin reitet auf seinem Pferd Sleipnir. (Isländische Eddahandschrift)

Umfeld um Schutz zu bitten. Doch Odin besitzt neben seiner Rolle als Vater der Götter zahlreiche andere Merkmale, die ihn deutlich von ähnlichen Götterhäuptlingen anderer Mythologien wie Zeus oder Jupiter unterscheiden. So gilt er auch als Anführer der Seelen, die ihm in stürmischen Nächten durch die Lüfte folgen, zur sogenannten Wilden Jagd, die vor allen Dingen in der kalten Jahreszeit und dann vor allen Dingen in den Raunächten wütet. Odin ist in diesem Sinne ein Wind- und Sturmgott und im Sturm verbünden sich die Seelen der Unglücklichen und Verdammten mit ihm. Seele und Windhauch bilden eine sinnvolle Einheit, denn wenn wir sterben, dann »hauchen wir unsere Seele aus«, das heißt, wir machen unseren letzten Atemzug.

Mund

Der Atem wiederum entweicht unserem Mund und so ist die Bezeichnung »Quelle aller Sprache« erklärlich. Die Worte, die wir sprechen, gleichen dabei den Vögeln, die davonfliegen. Sie übermitteln, wie Brieftauben, eine Botschaft von uns an die Welt. An den Himmel gerichtet, schweben sie als Gebet in die Höhe, im Gespräch erreichen sie die Ohren meiner Zuhörer und als Fluch beschwören sie die Mächte der Unterwelt. Wir können die Welt über das Wort beeinflussen und gestalten. Jede Zauberkunst kennt Zaubersprüche, auch in der germanischen Religion nimmt das Wort als magi-

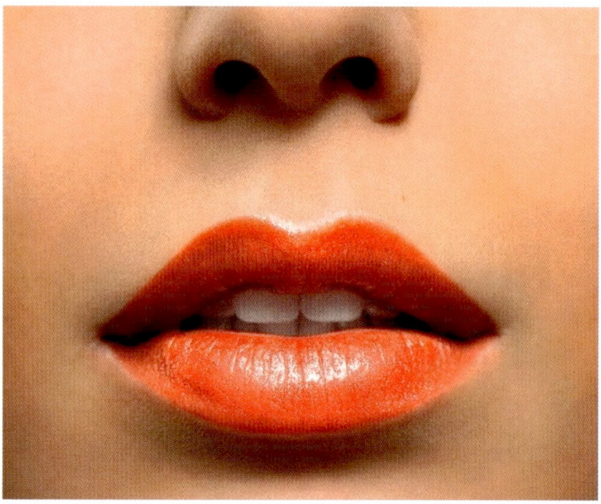

scher Akt eine große Bedeutung ein. »Am Anfang war das Wort«, heißt es im Johannes-Evangelium, und das griechische »Logos« heißt nicht nur Wort, sondern steht auch für schöpferischen, ordnenden Geist, wie er sich in der »Logik« ausdrückt. Auch jeder Schöpfungsakt in der Bibel beginnt mit einem Wort, wenn es heißt: »Und Gott sprach …«. Mit Wörtern kommunizieren wir, verbinden uns mit anderen Menschen, und das über Zeit und Raum, denn wenn Wörter aufgeschrieben werden, dann bleiben sie erhalten und können immer noch gehört werden, selbst wenn wir längst den Weg alles Sterblichen gegangen sind. Das gesprochene Wort und das geschriebene Wort überschreiten unsere Begrenzung als Mensch. Hier kommen wir wieder auf Odin zurück, denn er ist der mythische Erfinder der Sprache und der Entdecker der Runen, die sowohl Schrift- als auch Zauberzeichen sind.

Säule

Bedeutsam ist auch das Bild der Säule, das im angelsächsischen Gedicht auftaucht. Das indoeuropäische Wort *os-* kann nämlich auch Esche bedeuten und ist dann eine Anspielung auf die mystische Weltesche Yggdrasil, die alle Welten miteinander verbindet, angefangen von der Unterwelt über die Mittelwelt, in der die Menschen wohnen, bis hin zum Himmelszelt, in dem unter anderem die Asen ihr Zuhause haben. Als ein Pfeiler, der Himmel und Erde verbindet, ist sie in der Mittelstange der früheren Zeltbehausungen gegenwärtig, um die sich das Leben der Menschen drehte. Als Weltenbaum steht sie für die Wechselwirkung zwischen oben und unten, der Verbindung von Himmel und Erde, Gott und Mensch. Oben, das ist das Himmelszelt mit den Gestirnen, die alle in schöner Ordnung ihre Bahnen ziehen. Unten ist die Erde, auf der das Leben herrscht mit seinen Unwägbarkeiten und seiner Unvorhersehbarkeit. Wenn sich Himmel und Erde verbinden, prägt sich die ideale Ordnung der Erde auf und gestaltet sie. Die Weltesche garantiert damit die fortwährende Schöpfung als Prinzip alles Lebendigen. An dieser Esche hing Odin neun Tage und neun Nächte lang, bevor er die Runen erlangte. Die Runen wiederum sind Ausdruck der Macht des Geistes über die Materie, denn sie verkörpern grundlegende Ideen der menschlichen Existenz im Umgang mit der Natur. Man schreibt ihnen die Macht zu, die Welt nach dem Willen

desjenigen zu gestalten, der sie beherrscht. Odin ist daher nicht nur der oberste aller Götter, sondern auch der oberste aller Zauberer.

Bedeutung

ANSUZ bringt uns die Gewissheit, dass wir in einem geordneten Universum leben – auch wenn wir dies manchmal nicht wahrnehmen können. Diese Rune gibt uns das Vertrauen wieder, dass die Welt von Kräften durchzogen ist, die dafür sorgen, dass alles auf seine Weise »wieder gut« wird und am Ende alles wieder seinen ihm bestimmten Platz einnimmt. Wir können diese Kräfte mit den Göttern gleichsetzen, die dafür sorgen, dass das Chaos immer wieder in seine Schranken gewiesen wird und die Welt stabil bleibt.

ANSUZ schenkt uns das Gefühl, gut aufgehoben zu sein unter der schützenden Hand des Göttlichen. Damit legt uns diese Rune ans Herz, nicht zu verzagen, sondern nach den Anzeichen der Ordnung zu suchen, sollten wir mal den Überblick verloren haben. Zugleich spricht sie uns auch die Macht zu, das Göttliche in uns als Auftrag zu verstehen, die Welt selbst zu gestalten. Indem wir unseren Wünschen Ausdruck verleihen, ihnen »Flügel« geben, beginnen wir, zum Schöpfer unserer Wirklichkeit zu werden. Unser Geist beginnt die Welt nach seinen Ideen zu formen – und befreit uns dadurch aus dem Zwang der Grenzen, die uns die Materie auferlegt hat.

Stichwörter

Gottheit, himmlische Kräfte; Vertrauen in das größere Ganze, in höhere Mächte; Kommunikation, Austausch; die Macht des Geistes über die Materie; die Macht des Wortes; Schöpfung; Zauberkraft, Magie.

Raidho

Lautwert: r
Name: RAIDHO – Reise, Rad, Ritt
Andere Namen: rad

Angelsächsisches Runengedicht

Rad byþ on recyde rinca gehwylcum
sefte ond swiþhwæt, ðamðe sitteþ on ufan
meare mægenheardum ofer milpaþas.

Solange er zuhause sitzt, erscheint die Reise dem Krieger leicht.
Doch erst wer auf den großen Straßen reist
auf dem Rücken eines starken Pferdes ist mutig.

Bilderwelt

Wagen

Vielleicht ist das Urbild von RAIDHO ein Wagen: wenn man die Rune um rechts kippt, kann man sich sehr gut einen Schubkarren vorstellen oder einen Karren, vielleicht sogar einen Streitwagen, vor den ein Pferd oder ein anderes Zugtier gespannt wird. Aus mythologischer Sicht kann man damit das Bild des Sonnenwagens in Verbindung bringen, wie er von der Riesin Sol über den Himmel gelenkt wird, und auch des Mondwagens, gelenkt von ihrem Bruder Mani. Sie beide fahren auf geregelten Bahnen über den Himmel und garantieren so die Ordnung der Welt. Alles hat seine Bahn, alles hat seine Bestimmung – das ist der Hintersinn dieses Bildes. Jeder sitzt auf seinem eigenen Wagen und muss seinen eigenen Weg bestreiten im großen Ganzen. So steht

RAIDHO für unser Schicksal, für die vorgezeichnete Bahn im großen Ganzen, der wir folgen müssen – oder glauben, folgen zu müssen. Auch diese himmlische Ordnung wird ununterbrochen bedroht, denn der Wagen der Sonne wird von dem Wolf Skalli verfolgt. Immer wenn er die Sonne fast erreicht hat, kommt es zu einer Sonnenfinsternis. Auch Mani wird von einem Wolf verfolgt, von Hati, dem Bruder des Skalli. Am Tag des Weltunterganges werden die Wölfe die Gejagten endlich einholen und verschlingen. So ist selbst diese kosmische Ordnung ununterbrochen gefährdet und letztlich nicht für alle Ewigkeit.

Weg

In diesem Sinne wird RAIDHO auch zum Ausdruck unseres Lebensweges. Wenn man sich die Gestalt der Rune vor Augen hält, dann besteht sie aus einer geraden Linie und einer Zickzacklinie. Vielleicht ist darin die Botschaft verschlüsselt, dass jeder Weg der richtige ist, der gerade ebenso wie der verschlungene. Sicher würden wir zumeist lieber den geraden, weil kürzeren Weg vorziehen, doch wie jeder Bergsteiger weiß, ist es auf dem Pfad, der sich in Schlangenlinien den Berg hinaufwindet, wesentlich leichter, die Steigung zu überwinden. Was also wie ein Umweg aussieht, führt möglicherweise schneller ans Ziel – wenn wir denn ein Ziel haben. Ob unser Leben einer Bestimmung folgt oder letztlich die Zielrichtung in jedem Augenblick unseres Daseins neu bestimmt werden kann, ist eine Frage, die jede Religion und jede Weltanschauung anders für sich beantwortet. Vielleicht gilt hier das vielzitierte Wort vom Weg, der das Ziel ist. RAIDHO macht hier keine Vor-

gaben, sondern erklärt alles, was uns begegnet, zum Teil des Weges und damit als Chance, uns selbst zu entwickeln. Im Gegenteil: Wenn der vorgezeichnete Weg die gerade Linie ist, dann ist vielleicht die Zickzacklinie eine Entsprechung für den Pfad, den wir tatsächlich gehen müssen – und der alles andere als geradlinig sein kann. Doch es gilt: Wer immer nur den ausgetretenen Spuren schon tausendmal gegangener Wege folgt, wird nie selbst Spuren hinterlassen. Auch dies deutet das Runengedicht an, in dem es zwischen dem Krieger unterscheidet, der sein Heim hütet, und dem, der mutig sein Pferd sattelt, und in die Welt hinausreitet, um neue Welten zu entdecken. Interessanterweise wertet das Gedicht nicht, sondern lässt beide Optionen stehen, auch wenn derjenige, der den Aufbruch wagt, mit der ehrenhaften Eigenschaft des Mutes ausgezeichnet wird.

Rad

Dabei machen wir unangenehme Erfahrungen, aber auch angenehme. Wir treffen auf günstige Gelegenheiten und ungünstige. Mal sind wir obenauf, mal sind wir unten. Das Leben ist wie der Zickzackweg von RAIDHO ein ununterbrochenes Auf und Ab. Die Erfahrung lehrt uns, dass das einzig Beständige im Leben das Unbeständige ist, das nichts je so bleiben kann, wie es ist. In vielen Mythologien wird an dieser Stelle das Bild des sich drehenden Rades bemüht, das Rad des Schicksals, wie es zum Beispiel in der entsprechenden Tarotkarte als Rad der Fortuna, der Göttin des Glücks, dargestellt wird. Glück ist in diesem Zusammenhang nicht allein als wohl gemeinte Fügung zu verstehen, sondern grundsätzlich als Ausdruck für die Wechselfälle des Lebens. Fortuna ist eine launenhafte und unberechenbare, wie es schon in den Carmina Burana zu lesen ist:

O Fortuna
velut luna
statu variabilis,
semper crescis
aut decrescis;
vita detestabilis
nunc obdurat
et tunc curat
ludo mentis aciem,
egestatem,
potestatem
dissolvit ut glaciem.

O Fortuna,
wie der Mond
bist du veränderlich,
ständig zunehmend
oder abnehmend;
das schmähliche Leben
schindet bald,
bald verwöhnt es
spielerisch den wachen Sinn,
Armut
und Macht
zerschmilzt es wie Eis.

Sors immanis
et inanis,
rota tu volubilis,
status malus,
vana salus
semper dissolubilis …

Ungeheures
und ungewisses Schicksal,
rollendes Rad,
von böser Art bist du,
das eitle Glück muss
immer wieder vergehen …

Schon das angelsächsische Runengedicht lässt durchblicken, dass die Reise des Lebens nichts für Stubenhocker ist. Dem Mutigen gehört die Welt, und damit demjenigen, der bereit ist aufzubrechen und sein Glück zu machen. Am Ende ist es nicht so wichtig, ob wir die Dinge auf uns zukommen lassen, also vermeintlich passiv der Zukunft entgegenblicken, oder ob wir auf unser Pferd steigen und uns aktiv auf den Weg machen. So oder so – wir sind auf dem Weg, auch das weiß das Runenlied, denn auch der, der es sich leicht macht und zuhause

bleibt, wird sich mit der Zeit verändern, weil sich alles um ihn herum verändert. Letztlich wird auch er alt werden und dadurch gewandelt. Der Vorzug, den derjenige, der aufbricht, um die Reise des Helden anzutreten, zu verbuchen hat, ist die Chance, nicht nur Opfer der Umstände zu sein, sondern auch Gestalter seines Lebens.

Bedeutung

RAIDHO beschreibt zunächst einmal den Umstand, dass wir uns alle auf dem Weg befinden, jeder auf seine Weise. Jeder folgt seiner eigenem inneren Stimme und beschreitet dabei die Wege, die er als seine Bestimmung betrachtet. Doch wir sind dieser Bestimmung nicht willenlos ausgeliefert. Da es so etwas gibt wie eine ununterbrochene Bedrohung der kosmischen Ordnung, geraten wir immer wieder auf Abwege und Umwege – und machen dabei ganz neue Erfahrungen. Diese mögen riskant, ungewohnt, unangenehm, lästig, ärgerlich sein. Doch RAIDHO ermutigt uns dazu, jede Erfahrung als Teil des Weges anzusehen, jeden Umweg als Chance, unsere Persönlichkeit zu erweitern. Diese Rune erzählt uns davon, dass wir zu Helden geboren sind, die sich auf die Reise des Lebens begeben, um über alle Misserfolge, Schicksalsschläge, alles Scheitern und wieder Aufrappeln erst zu dem werden, was wir sind: echte Persönlichkeiten, aus deren Erfahrungen am Ende Wissen und Weisheit erwächst.

Stichwörter

Reise, unterwegs sein; seiner Bestimmung folgen, einem Ziel folgen, sich auf ein Ziel zubewegen; Rad des Lebens, Schicksal, Glück und Unglück; Wechselfälle des Lebens, Veränderungen, Wandlungen.

Kenaz

Lautwert: k
Name: KENAZ – Kienspan, Fackel
Andere Namen: kaunaz, ken

Angelsächsisches Runengedicht

Cen byþ cwicera gehwam, cuþ on fyre
blac ond beorhtlic, byrneþ oftust
ðær hi æþelingas inne restaþ.

Die Fackel kennt jeder lebende Mensch, ihre Flamme
leuchtet hell und klar. Sie brennt stets dort,
wo die Edlen sich im Inneren zusammensetzen.

Bilderwelt

Fackel

Das Bild der Fackel bestimmt die Deutung dieser Rune. Auch das Runenlied lässt vor unserem geistigen Auge einen von Fackeln erleuchteten Raum entstehen, in dem sich Menschen treffen, vielleicht um gemeinsam Rat zu halten oder aber auch einfach nur, um zusammen ein Mahl einzunehmen. Fackeln entzünden wir, wenn es draußen dunkel geworden ist und das Licht im Inneren nicht mehr ausreicht, um den Tätigkeiten nachzugehen. Der Schein der Fackel unterscheidet sich qualitativ vom Tageslicht und auch von den elektrischen Lichtquellen der Moderne: es ist unstet, flackert und wirft zitternde Schatten an die Wand. Das Licht ist auf seine Weise lebendig, erzeugt eine mystische Atmosphäre und wird entsprechend gerne bei kultischen Handlun-

gen, Ritualen und Zeremonien eingesetzt, noch heute zum Beispiel beim Großen Zapfenstreich. Fackelzüge gehören zu vielen alten Bräuchen wie dem Perchtenlauf in den Alpenregionen. Oder denken wir an den verbindenden Charakter der olympischen Fackel, die von Ort zu Ort, von Land zu Land getragen wird. In einigen Kulturen besitzt die Fackel eine ganz eigenständige Symbolik, beispielsweise im Mithraskult. Dort stellt die nach oben gerichtete Fackel den Sonnenaufgang dar, während die nach unten gerichtete entsprechend den Sonnenuntergang verkörpert. Im übertragenen Sinne stehen sie so für Geburt und Tod, eine Symbolik, die wir noch heute auf vielen Gräbern finden können. Die Göttin Demeter leuchtete mit einer Fackel in alle Winkel der Welt, um ihre von Hades geraubte Tochter Persephone zu finden. Sie ist das Licht, das in die Finsternis leuchtet, um sie zu erhellen: so wurde sie auch zum Symbol der Aufklärung und der Befreiung des Geistes. Prominentestes Beispiel ist wohl die fackeltragende Freiheitsstatue in New York. KENAZ steht daher für das Funken des Lebens und das Licht des Geistes.

Flammen

Wo früher noch die archaisch anmutende Fackel getragen wurde, wird heute eine Kerze angezündet. Das Lichtermeer an Kerzen, wie wir es in Kirchen finden, entspricht dem gleichen Prinzip: wir entzünden ein Licht auf der Erde, um die Dunkelheit zu vertreiben. Auf den Friedhöfen brennen, vor allen Dingen zu Allerseelen, Lichter auf den Gräbern, für jede Seele eines und bringt uns so die Vergänglichkeit allen Lebens ins Bewusstsein. Gleichzeitig werden wir uns unserer selbst bewusst, denn dieses Seelenlicht brennt auch in uns. Es ist die Flamme des Lebens, die in unserem Inneren leuchtet und uns unsere Einzigartigkeit gibt. Das Besondere daran ist, dass diese einzelne Flamme dann am besten sichtbar ist, wenn es ansonsten dunkel ist. Erst die Nacht erzeugt diese besondere mystische Atmosphäre, die schon eine einzige Kerze erzeugen kann. Flamme und Dunkelheit bedingen einander, wirken aufeinander. Im übertragenen Sinne werden wir uns oft des in uns brennenden Lebensfunkens bewusst, wenn es düster um uns herum geworden ist und wir eine dunkle Zeit durchstehen müssen. Interessanterweise verzeichnen andere Runenlieder Bedeutungen, die zunächst deutlich von der Bildersprache der Fackel abweichen und sich mit Krankheit und Schmerzen beschäftigen. Der Zusammenhang ergibt sich möglicherweise daraus, dass Zeiten, die von Leid geprägt

sind, für uns zum Prüfstein werden. Oft stellen wir erst dann fest, was uns wirklich wichtig ist, wofür wir in Wirklichkeit brennen wollen. Manchmal wird uns bewusst, dass Krankheit und anderes Unbill die Folge davon ist, dass wir konsequent gegen uns selbst vorgegangen sind. Dann zeigt uns KENAZ, dass noch Leben in uns ist, dass der Funke nicht erloschen ist, sondern erst jetzt besonders hell strahlen kann. Erwähnt das Runenlied deshalb, dass jeder »lebende Mensch« das Licht der Fackel erkennt? KENAZ gibt uns das Gefühl wieder, trotz aller Widrigkeiten am Leben zu sein – und wichtig zu sein.

Fußspur

Mit einer etwas anderen Deutung ergänzt von Neményi die Grundbedeutung der Rune (von Neményi, Géza, Heilige Runen: Zauberzeichen des Nordens, München 2004, S. 128f.). Er erkennt im Zeichen von KENAZ die vereinfachte Darstellung von Fußspuren, wie sie auf Felszeichnungen gefunden werden. Im Zusammenhang mit den zuvor geäußerten Gedanken passt diese Beobachtung gut zu der Idee der Lebensflamme, die in uns brennt und uns zu etwas Einzigartigem macht, denn es sind unsere Fußspuren, die wir in der Welt hinterlassen – wir hören auf, anderen hinterherzulaufen, sondern verfolgen unsere eigenen Ziele. In diesem Sinne erlaubt uns KENAZ erstmals Zeichen in der Welt zu setzen, unseren Stempel der Welt aufzudrücken. Indem wir die Fackel unseres Lebens vor uns her tragen, erleuchten wir die Welt auf unsere Weise, bringen unser ganz eigenes Licht in die Welt. Auf einmal hängt es von mir ab, was geschieht – oder auch nicht geschieht. Ich werde

verantwortlich für meine Taten. Manchmal erlaubt mir erst durchlittenes Leid diese Erkenntnis. Wenn ich die schmerzliche Erfahrung mache, dass ich aufgrund eines Fehlers mir selbst oder anderen Schaden zugefügt habe, kann daraus das Bewusstsein entstehen, dass alles, was ich tue, seine Konsequenzen hat – und dass ich es zu einem großen Teil selbst in der Hand habe, wie mein Leben künftig aussieht. KENAZ führt mich zu mir selbst zurück und zeigt mir: die Spur, die ich hinterlasse, verändert die Welt. Wenn ich nun künftig meine Spuren bewusster setze, werde ich zum Schöpfer meines Schicksals.

Bedeutung

KENAZ schenkt uns das Bewusstsein, dass wir wichtig sind für die Welt und dass es nicht gleichgültig ist, wie wir unser Leben führen. Alles, was wir tun, prägt sich der Welt auf und kehrt in seinen Folgen wieder zu uns zurück. Wenn wir uns gerade in einer dunklen Stunde unseres Lebens befinden, in der uns schmerzlich bewusst wird, dass unsere Taten negative Konsequenzen auf mein Leben oder das Leben von anderen zeitigen, dann deutet KENAZ an, dass es Zeit wird, wieder die Verantwortung zu übernehmen. Entdecken wir also das Licht in uns, das uns zu etwas ganz Besonderem macht – und lassen wir es leuchten.

Stichwörter

Licht des Lebens, Lebensfunke; Überwindung von Krankheit, Schmerz und Leiden, Verantwortung für die eigenen Taten übernehmen; Bewusstsein seiner Selbst, Selbstbewusstsein; Geburt in ein neues Leben nach überstandener Krise.

Gebo

Lautwert: g
Name: GEBO – Gabe, Geben
Andere Namen: ae. gyfu

Angelsächsisches Runengedicht

Gyfu gumena byþ gleng and herenys,
wraþu and wyrþscype and wræcna gehwam
ar and ætwist, ðe byþ oþra leas.

Wer großzügig ist, erntet Ruhm und Ehre
und stärkt damit das eigene Ansehen.
Er bietet Hilfe und Unterstützung allen unglücklichen Menschen,
die nichts anderes haben.

Bilderwelt

Lebenslinien kreuzen sich

Geben ist seliger denn Nehmen – so heißt es in einem alten Sprichwort. Tatsächlich verkörpert GEBO diese Haltung, wie wir dem angelsächsischen Gedicht entnehmen können. Es hat eine lange Tradition durch alle Religionen und Kulturen, dass diejenigen, die es besser getroffen haben als andere, einen Teil abgeben. Je nach Vorstellung ernten sie Seelenheil oder wie in diesem Fall Ruhm und Ehre. Doch das Zeichen von GEBO steht zunächst einmal nicht in unmittelbarem Zusammenhang mit dieser Idee. Es wird gebildet aus zwei sich kreuzenden Linien und erinnert in seiner Gestalt an das sogenannte Andreas-Kreuz, wie wir es zum Beispiel zur Kennzeichnung von Bahnübergängen kennen. Wenn die Linie unserem eigenen Lebensweg entspricht, dann markiert GEBO den Augenblick und die Stelle, an der dieser einen anderen Lebensweg kreuzt – es kommt zu einer Begegnung. In diesem Moment verlieren wir unsere Eigenständigkeit und werden mit dem Schicksal eines anderen Menschen konfrontiert – wir lassen uns berühren. Damit eine echte Begegnung stattfinden kann, müssen wir uns auf den Anderen einlassen, und damit die Aufmerksamkeit von uns weg hin zum Anderen lenken. Wir schenken ihm unsere Anteilnahme. Wenn wir das Wort »Spende« hören, dann denken wir gleich an eine materielle Gabe, doch eine Spende kann alles sein, was wir von uns aus freiwillig einem anderen Menschen angedeihen lassen. Wir können ihm unser Ohr schenken, unser Vertrauen, unsere

Zuneigung, unsere Zeit, unsere Hilfe. Immer dann aktivieren wir GEBO in uns – und erfahrenem im Gegenzug, dass auch uns geschenkt wird. Jede Begegnung ist eine Bereicherung unseres Daseins, wenn sie genutzt wird, anderen etwas von uns zu geben. Eins steht allerdings fest: das Geben muss ohne Vorbedingung geschehen, das heißt, wir dürfen nicht erwarten, das etwas Bestimmtes für uns dabei »herausspringt«. Uns muss genügen, dass es einen Ausgleich geben wird – und das hat nicht unmittelbar durch den Beschenkten zu erfolgen.

Zeichen der Vermehrung

Interessanterweise benutzen wir das Kreuzzeichen in der Mathematik als Zeichen der Multiplikation, also der Vermehrung. Damit können wir den Gedanken von gerade eben weiterspinnen, denn es deutet an, dass derjenige, der gibt, nichts verliert, sondern im Gegenteil dazu gewinnt. Auch dies wird im Runengedicht angedeutet: Wer großzügig ist, der wird vom Leben ebenso großzügig behandelt. Wer sich dem Leben öffnet, der erntet Leben. In manchen magischen Traditionen wird gesagt, dass alles, was wir aussenden, dreifach zu uns zurückkehrt. Das gilt auch für alles Gute, das von uns als Mittelpunkt seinen Weg hinaus in die Welt findet. GEBO sagt, dass eine Gabe keinen Verlust nach sich zieht, sondern einen Gewinn. Geben heißt, dass etwas von uns in alle Richtungen fließen kann, wie die vier Arme des Kreuzes in alle Himmelsgegenden weisen, und zwar immer von uns weg – und doch stehen wir dann ganz im Mittelpunkt des Universums, denn wir öffnen uns der Welt, sodass für alles, was wir abgeben, etwas Neues in unser Leben strömen kann. Alles, was wir aussenden, vermehrt nicht nur unseren Reichtum, sondern vermehrt sich auch in der Welt. Dieses Prinzip erlebt gerade eine Blüte in den sozialen Netzwerken des

Internetzeitalters: Was ich von mir gebe, erreicht mit einem Schlag ungleich viel mehr Menschen als jemals zuvor, wenn ich die entsprechenden Kanäle benutze. Das bedeutet aber auch, dass ich eine immer größere Verantwortung für das entwickeln muss, was von mir ausgeht. Zugleich aber werden wir immer mehr eingebunden in ein Netz, gewebt aus menschlichen Beziehungen, in der jeder mit jedem zu tun hat – die einmalige Chance zu erkennen, dass niemand von uns eine einsame Insel ist, sondern alle mit allen verbunden sind. Damit ist das Zeichen GEBO auch so etwas wie die Vervielfältigung meiner Möglichkeiten durch aktive Teilnahme an der Welt.

Zeichen der Aufmerksamkeit

Das Kreuzzeichen hat noch eine andere Funktion: es markiert eine bestimmte Stelle. Wir machen ein Kreuz, wenn wir uns einen Platz merken wollen, wenn wir auf ihn aufmerksam machen wollen, zum Beispiel auf einer Schatzkarte. Das Kreuz ist ein Mal. Uns begegnet dieser Begriff für gewöhnlich häufiger in Wortkombinationen wie Denkmal oder Mahnmal. Immer geht es darum, die Aufmerksamkeit anzuziehen und auf einen bestimmten Punkt zu lenken. GEBO

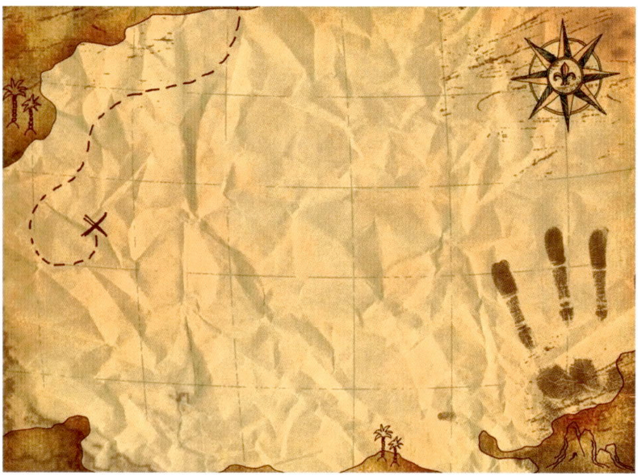

macht uns zum Mittelpunkt der Welt und gibt uns die Gelegenheit, das, was uns besonders macht, der Welt zu zeigen. Wir werden bedeutsam. In diesem Wort steckt das Wort »deuten«: die Welt deutet auf uns zurück. Die Linien, die von uns ausgehen, kehren wieder zu uns zurück. Das Mal kennzeichnet uns als etwas Einzigartiges und Unverwechselbares, und damit sind wir etwas, worauf die Welt nicht verzichten kann. Wenn wir den Platz einnehmen, von dem aus wir unsere Bedeutung in der Welt entfalten können, verwandeln wir die Gaben, die wir in die Wiege gelegt bekommen haben, unsere Talente und besonderen Fähigkeiten, in ein Geschenk an die Welt.

Bedeutung

GEBO macht uns zum Mittelpunkt der Welt. Wir erkennen, wie wichtig es ist, einen Platz zu haben, von dem aus wir an der Welt teilhaben können, wir uns der Welt mitteilen können – mit allem, was wir zu geben haben. GEBO lädt uns deshalb ein, uns unserer Gaben bewusst zu werden, um der Welt etwas von uns zurückzugeben. Auf diese Weise vermehren wir das Gute in der Welt und zugleich das Gute in uns. GEBO zeigt uns, dass es auf uns ankommt, und dass wir durch unsere Teilhabe an der Welt die Welt zu einem besseren Ort machen, einfach, indem wir so sind, wie wir sind. Es bedeutet, sich nicht länger zu verstellen, sondern sich selbst großzügig an die Welt zu schenken.

Stichwörter

Geben und Nehmen. Gabe, Geschenk. Großzügigkeit. Vermehrung. Für andere da sein. Die eigene Bedeutsamkeit entdecken. Mittelpunkt sein. An der Welt teilhaben.

Wunjo

Lautwert: w
Name: WUNJO – Wonne, Freude
Andere Namen: ae. wenne

Angelsächsisches Runengedicht

Wenne bruceþ, ðe can weana lyt
sares and sorge and him sylfa hæfþ
blæd and blysse and eac byrga geniht.

Freude empfindet der, der kein Leiden kennt,
keine Sorge, keinen Kummer,
der Wohlstand hat und Glück und ein hinreichend gutes Haus.

Bilderwelt

Wimpel

Wenn wir ein Fest feiern, dann schmücken wir gerne das Haus mit kleinen bunten Fähnchen. Oder wenn sich hoher Besuch ankündigt und sich Menschen auf den Straßen versammeln, um prominente Gäste zu empfangen, wird freudig mit Wimpeln gewedelt. Was da in allen Farben im Winde flattert, ist ein Ausdruck von Freude und erinnert an ein Meer aus Blüten, wie sie früher hochherrschaftlichem Besuch auf den Weg gestreut wurden. Noch heute werfen wir duftende Rosenblätter in die Luft, um unserer Freude über ein frisch vermähltes Paar Ausdruck zu verleihen. Auch das bunte Konfetti im Karneval ist vielleicht eine Erinnerung an diesen Brauch. WUNJO erinnert der Gestalt nach an solche Freudenfähnchen und zeigt damit im übertragenen Sinne, was

die Rune inhaltlich vermitteln will: Freude über das Leben, Freude am Leben. Das Runengedicht definiert dieses Hochgefühl als Abwesenheit von Kummer und Sorge und setzt bestimmte äußere Bedingungen voraus, die uns Freude bereiten. Dazu gehört Wohlstand und ein Dach über dem Kopf. Die Formulierung »ein hinreichend gutes Haus« klingt zunächst abschwächend, doch dann wird klar, dass es nicht darum geht, in Saus und Braus zu leben, sondern sich daran zu freuen, das man alles hat, was man zu einem guten Leben braucht – nicht mehr und nicht weniger. Damit feiert WUNJO auch die kleinen Freuden des Alltags und lenkt die Aufmerksamkeit auf das tägliche Gute, das uns widerfährt – und das wir allzu oft nicht beachten, weil wir unseren Blick für gewöhnlich auf das richten, was nicht gut läuft, wo uns etwas fehlt, wo Mangel herrscht, wo der Schuh drückt, wo wir leiden. Es ist schon erstaunlich, wie gut das bei uns Menschen funktioniert: Wir sehen jedes Haar in der Suppe, finden immer einen Anlass, uns zu beklagen, und sind selten dankbar für all die guten Dinge, die uns widerfahren. WUNJO schwenkt die Fähnchen des kleinen Glücks, um uns zu zeigen: Es gibt so viel mehr um uns herum als das, was uns gerade – zurecht oder nicht – belastet.

Wunschfahne

In Tibet kennt man den Brauch der Gebetsfahne. Dabei werden bunte, zumeist rechteckige Fahnen auf Schnüren aufgereiht und auf Berggipfeln und Bergpässen aufgehängt. Jede Fahne verkörpert ein Gebet, trägt entsprechende Symbole oder heilige Sprüche. Der Wind lässt die Fahnen langsam verwittern und trägt die Gebete auf diese Weise in den

Himmel. »Windpferde« werden diese Fahnen auch genannt, weil die guten Wünsche auf dem Rücken des Windes in die Höhe fliegen. Eine ähnliche Tradition ist auch aus unseren Breiten bekannt und wird bis heute gepflegt: das Binden von Wunschbändchen an Kraftorten, sogenannten »Hexenbändern«, die an die Zweige von Büschen und Bäume geknotet werden, oft in der Nähe von heiligen Quellen und anderen besonderen Plätzen in der Natur. Mit jedem Knoten, so heißt es, wird ein Wunsch mit diesem magischen Ort verknüpft und auf diese Weise gesegnet. Das Wort WUNJO und »Wunsch« liegen nahe beieinander. Der Wunsch ist stets ein Ausdruck des Glaubens, dass die Zukunft nicht festgelegt ist, sondern von uns beeinflusst werden kann. Wünschen ist nur dann sinnvoll, wenn wir der Überzeugung sind, dass die Erfüllung des Wunsches zumindest möglich ist. Damit öffnet uns der Wunsch die Zukunft, denn in ihm können wir zum Ausdruck bringen, was wir uns von der Zukunft anstelle der Gegenwart erwarten. Wir wünschen uns Gesundheit, Frieden, Geborgenheit, Vertrauen, Anerkennung, Freiheit, Wohlstand, entweder für uns selbst oder für andere. Viele Begrüßungsformeln enthalten Wünsche, zum Beispiel »Friede sei mit dir« oder »Ich wünsche Ihnen einen schönen guten Morgen!« Wir verteilen Wünsche an Geburtstagen, zu Hochzeiten, wünschen »Alles Gute«, »Guten Appetit«, »Gute Besserung« oder »Ein gesundes neues Jahr!« Immer zeigt sich im Wunsch der Glaube an eine positive Kraft des Lebens, die wir durch den Ausspruch zu manifestieren versuchen. Wünsche haben etwas Magisches und begegnen uns oft in Märchen, zum Beispiel in den drei Wünschen, die man zur Belohnung für eine gute Tat frei hat. Das Gebet ist im Grunde die religiöse Variante des Wunsches. Es ist interessant, dass in den meisten Kulturen der Himmel als Adresse für den Wunsch oder das Gebet angesehen wird. WUNJO

als im Winde flatternder Wimpel ist ein beredtes Zeichen dafür. Der Himmel ist der Ort der Möglichkeiten und die Erde der Ort der Wirklichkeit. Mit WUNJO verbinden wir uns mit dem heiligen Raum jenseits aller irdischen Bedingtheiten – und laden das Mögliche in unser Leben ein, damit sich unsere Wirklichkeit zum Besseren wenden möge.

König Arthur und der Heilige Gral

Kelle und Kessel

Dreht man WUNJO um 90 Grad, dann kann man in der Rune auch eine Kelle, einen Löffel oder einen Schöpflöffel sehen, also ein Gefäß, mit dem man Nahrung zu sich nehmen oder Wasser aus einem Brunnen schöpfen kann. Er erinnert an den mythischen Brunnen der Weisheit, der an den Wurzeln des Weltenbaumes zu finden ist, dessen Wasser so heilig und rein ist, dass es alles, was es benetzt, weiß färbt. Es ist das Wasser des Lebens, das alles rein wäscht und jeden Makel entfernt. WUNJO ist der Schlüssel zu dieser Quelle der Reinheit: es ist die Freude am Leben, die uns mit dem Leben selbst verbindet. Wenn wir uns angewöhnen, das Gute im Leben täglich zu kosten, dann nähren wir auch das Gute in uns. In vielen Kulturen kennt man ein Gefäß, aus dem alles Leben ununterbrochen strömt und von dem alle Menschen ernährt werden können. Bei Kelten und Germanen war der Kessel ein wichtiger Gegenstand kultischer Handlungen, sei es als Opferkessel oder als geheimnisvoller Zauberkessel der Anderswelt, einer nie versiegenden Quelle von Reichtum und Fülle. In vielen Sagen wird davon erzählt und in der Legende vom Heiligen Gral lebt dieser Wundergegenstand weiter. Gerade in der Artussage wird der Becher, in dem nach einer Überlieferung das Blut Christi aufgefangen wurde, als Objekt der Sehnsucht, als Ziel aller Abenteuer, das Ende allen Wünschens. Auch heute noch kennen wir sogenannte Wunschbrunnen und vielerorts werfen Menschen Münzen in ihre Wasser, wie zum Beispiel im berühmten Trevi-Brunnen in Rom. Wie der Wind soll auch das fließende Wasser den Wunsch in ein Reich transportieren, wo göttliche Kräfte für seine Erfüllung sorgen können.

Bedeutung

WUNJO spricht unseren Sinn für die Möglichkeiten, die unserem Leben stecken, an. Diese Rune fordert uns auf, den Glauben an das Gute in der Welt hochzuhalten, selbst wenn wir es einmal nicht so gut getroffen haben. WUNJO lenkt unsere Aufmerksamkeit auf das, was gut läuft, und sei es noch so unscheinbar und klein. Jede Freude, die wir in unserem Herzen empfinden, jeder Dank, den wir aussprechen angesichts des Guten, das uns widerfährt, festigt in uns das Glück. Die Zeiten des Zweifelns und der Abwertung sind vorbei: Jetzt können wir uns dem Guten und Schönen widmen, das Leben mit unseren Freunden genießen. WUNJO sagt uns, dass wir uns keine Sorgen machen brauchen: Unsere Wünsche werden in Erfüllung gehen – wir müssen sie nur loslassen und einer höheren Macht überantworten.

Stichwörter

Freude, sich freuen; Glück, Zufriedenheit; das Leben feiern, genießen; Hoffnung, guter Ausgang; dem Guten im Leben mehr Raum geben; das Gute siegt, Wünsche werden Wirklichkeit, Wunscherfüllung.

Runen der Ordnung: das Geschlecht des Hagal

Hagalaz

Lautwert: h
Name: hagalaz – Hagel
Andere Namen: haegl

Angelsächsisches Runengedicht

Hægl byþ hwitust corna; hwyrft hit of heofones lyfte,
wealcaþ hit windes scura; weorþeþ hit to wætere syððan.

Hagel ist das weißeste Korn.
Erst wird es vom Himmelsgewölbe geschleudert
und von Windstößen hin und her geworfen
– und dann schmilzt es zu Wasser.

Bilderwelt

Hagelkorn

Als Naturphänomen ist HAGALAZ eindeutig: Es ist der Hagel. Bei Hagel handelt es sich bekanntlich um aus kleinen bis mittelgroßen Eisklumpen bestehenden Niederschlag. Er kommt vor allen Dingen in den mittleren Breiten unseres Planeten vor und tritt für gewöhnlich in der wärmeren Jahreszeit auf. Hagelschauer können beträchtliche Schäden anrichten. Gerade wir Menschen fühlen uns von der unkontrollierbaren Wucht des Hagels immer wieder bedroht: Er zerstört die Dächer unserer Häuser, vernichtet den Ertrag auf unseren Äckern. Wenn er auftritt, können wir nur Schutz suchen und ohnmächtig zusehen, wie die Natur ihr Zerstörungswerk vollzieht – und warten, bis es vorüber ist. Die Verluste und die daraus folgenden Beeinträchtigun-

gen für das menschliche Leben waren in früheren Zeiten besonders verheerend, wenn ganze Ernten vernichtet wurden. In der Zeit um die Sommersonnenwende, in der Zeit der Getreidereife, werden daher in vielen Gegenden sogenannte Hagelprozessionen und Schauerfeiern ausgerichtet, in denen um Gottes Schutz gegen Wetterkatastrophen gebetet wird. Im Rheinland wird vor allen Dingen der Heilige Donatus als Heiliger gegen Unwetter, Blitzschlag und Hagel verehrt. Sein Name erinnert an den germanischen Gott Donar, den »Donnerer«, dem Wetter- und Gewittergott. Vielleicht hat sich hier eine alte Tradition in ein christliches Gewand gerettet. Andernorts hat der Heilige Petrus diese Funktion übernommen: Noch heute heißt es bei Unwetter, dass Petrus mit seine Engeln im Himmel kegelt. Möglicherweise ist aus dem Hammer des Donar/Thor der Schlüssel geworden, den Petrus in den Händen hält und mit denen er bei Bedarf nicht nur die Pforten, sondern auch die Schleusen des Himmels öffnet. Wegen der Gefährlichkeit des

Hagels für Mensch und Tier hat HAGALAZ einen negativen Beigeschmack, denn in ihr schwingt Zerstörung und sogar Vernichtung aus »heiterem Himmel« mit. Nicht umsonst wurde das Auftauchen dieses Naturphänomens immer wieder mit bösen Mächten in Verbindung gebracht. Nicht selten schob man dies dann sogenannten Hexen in die Schuhe.

Regenschauer

Wenn wir die Rune zur Seite kippen, wird der Hintergrund für ihre Zuordnung zu Niederschlag sichtbarer: Wir können in den beiden horizontalen Linien Himmel und Erde sehen, die von einer schräg verlaufenden Linie verbunden werden – wie von einem Regenschauer. Tatsächlich wurde die Rune des Öfteren auch mit mehreren Schrägstrichen gezeichnet und erinnert dann an Regen, wie er manchmal aus der Ferne beobachtet werden kann. Regen aber ist zunächst einmal kein ungünstiges Phänomen, sondern im Gegenteil ein gewünschtes, bringt er doch den Fluren und den Feldern Fruchtbarkeit. Das Runenlied wird entsprechend gar nicht so bedrohlich, wie die Idee des zerstörendes Hagels vermuten lässt: Zwar hagelt es auf die Welt – und es verhagelt uns dabei vielleicht den einen oder anderen Besitz –, doch am Ende verwandelt sich auch der schlimmste Hagel in Wasser. Im Helgakviða Hjörvarðssonar, dem Lied von Helgi Hjörvarðsson in der Liedersammlung der Edda, heißt es

»Die Mähren schüttelten sich, aus den Mähnen troff
Tau in tiefe Täler,
Hagel in hohe Bäume:
Das macht die Felder fruchtbar. …«

Möglicherweise verweist das Runenlied darauf, dass auch aus der größten Zerstörung wieder etwas Neues entstehen kann. Nach dem Ausbruch eines Vulkans hinterlässt das Feuer der Zerstörung fruchtbare Erde. Zerstörung ist demnach eine besonders heftige Form der Störung unseres Lebens – aber vielleicht manchmal nötig, um die nächste Stufe zu erreichen. So muss das Küken das Ei, in dem es Tage lang Geborgenheit fand, zerstören, um das Licht der Welt zu erblickenn und der Schmetterling muss den Kokon, in dem er heranwuchs, zerstören, um seine Flügel zu entfalten. Ebenso müssen wir in vielen Situationen unseres Lebens Entscheidungen treffen, die unwiederbringlich alles, was wir uns bisher aufgebaut haben, zerstören werden, zum Beispiel, wenn wir auswandern oder wenn wir eine Beziehung, die

uns zu eng geworden ist und uns anfängt zu belasten, beenden. HAGALAZ verkörpert diesen Augenblick, indem wir unsere Fesseln zerreißen, um uns zu befreien, damit wir neue Wege gehen können.

Hag und Hexe

Eine etwas umstrittene Deutung der Rune ist abgeleitet aus dem sprachlichen Zusammenhang mit dem alten deutschen Wort Hag, das ein umfriedetes Stück Land umschreibt. Noch heute erkennen wir das Wort und seine Bedeutung in Begriffen wie »behaglich«, »hegen«, »Gehege« oder auch »Hecke«. Pflanzen wie der Hagedorn oder die Hagebutte erzählen mit ihrem Namen immer noch von ihrer einstigen Bedeutung als Pflanzen, die eingesetzt wurden, um die Grenzen eines Grundbesitzes zu markieren. Wenn man so will, kann man in HAGALAZ auch einen Zaun sehen, der dann auf diese Umfriedung hinweist. Sinnvoll in unserem Zusammenhang ist diese Deutung in jedem Fall, denn dieser Hag dient in erster Linie dazu, einen Schutzzaun zu errichten – Schutz gegen die Mächte des Chaos und der Zerstörung, die außerhalb des Hages das kultivierte und daher geordnete Stück Land bedrohen. So ist HAGALAZ nicht nur die Bedrohung durch Zerstörung, sondern genauso der Schutz vor dieser Bedrohung. Im Runenlied des Odin wird ein Vers mit dieser Rune in Verbindung gebracht, darin heißt es:

»Ein siebentes weiß ich, wenn hoch der Saal steht
über den Leuten in Lohe,
wie breit sie schon brenne, ich berge sie noch:
Den Zauber weiß ich zu zaubern.«

HAGALAZ ist also ein wirkungsvoller Zauber gegen Zerstörung, zum Beispiel durch Feuer. Damit wird klar, dass Zerstörung kein Schicksal ist, dass uns überfällt, sondern etwas, das in der Natur begründet liegt. Zugleich aber können wir uns dagegen schützen, das Chaos kontrollieren. In diesem Gedanken liegt der Grundgedanke der Magie: die Herrschaft über die Natur. Interessant ist in diesem Zusammenhang, dass das Wort Hag auch im Wort »Hexe« steckt, abgeleitet aus dem alten Wort »hagazusa«, womit ein Wesen gemeint sein könnte, das an der Grenze zwischen Wildnis und menschlicher Ordnung angesiedelt ist. Hexe ist also im ursprünglichen Sinne des Wortes jemand, der zwischen diesen beiden Welten angesiedelt ist, zwischen ihnen vermittelt und seine Macht aus ihnen bezieht. Dass HAGALAZ sowohl Zerstörung als auch Schutz vor Zerstörung bedeutet, ist also eine Frage der Perspektive – und die Basis für ein in der magischen Tradition weit verbreitetes Gesetz: Gleiches wird mit Gleichem behandelt. Wer sich demnach gegen Hagel wappnen möchte, der muss sich der Rune des Hagels bedienen.

Bedeutung

HAGALAZ macht uns auf die Kraft der Zerstörung aufmerksam, die in der Natur überall zu beobachten ist und die uns Angst einflößen kann. Vielleicht befinden wir uns in einem entsprechenden Zustand, in dem wir das Gefühl haben, uns wird der Boden unter den Füßen weggezogen und alles, woran wir geglaubt und worauf wir vertraut haben, zerbricht. In diesem Sinne ist HAGALAZ radikal und fordert einen Wandel in unserem Leben, und zwar einen, der unumkehrbar ist. Verbrennt Holz zu Asche, kann aus der Asche das Stück Holz nicht mehr zurückgeholt werden. Ist die Raupe einmal zum Schmetterling geworden, hat sie unwiederbringlich ihr Raupendasein hinter sich gelassen. Viele Wendepunkte in unserem Leben haben einen solchen Charakter, zum Beispiel der von der Kindheit in die Jugend oder von der Jugend in das Erwachsenenalter. Aber auch bewusste Entscheidungen tragen die Signatur von HAGALAZ, zum Beispiel Trennungen oder schmerzhafte Verluste. Zugleich versichert uns diese Rune, dass aus diesen Verlusten etwas Neues entstehen kann – so wie nach dem Ende der Welt in der Götterdämmerung eine neue, bessere Erde auftaucht. HAGALAZ ist zugleich eine mächtige Schutzrune, die uns sagt, dass wir in Zeiten einer solchen Verwandlung nicht schutzlos den Mächten des Chaos ausgeliefert sind.

Stichwörter

Zerstörung; Fruchtbarkeit, die nach der Zerstörung bleibt; Schutz vor Chaos, Gegenzauber, Abwehr von zerstörerischen Kräften.

Nauthiz

Lautwert: n
Name: nauthiz – Not
Andere Namen: ae. nyd

Angelsächsisches Runengedicht

Nyd byþ nearu on breostan;
weorþeþ hi þeah oft niþa bearnum
to helpe and to hæle gehwæþre,
gif hi his hlystaþ æror.

Not beklemmt die Brust,
doch oft ist sie Quelle von Hilfe
und Rettung für Menschenkinder,
wenn sie diese rechtzeitig erkennen.

Bilderwelt

Der gekreuzte Weg

Das Bild der Rune erinnert an einen geraden Weg, der gekreuzt wird. Wenn wir uns diesen Pfad als den Weg vorstellen, den wir uns vorgenommen haben, der unserer Absicht entspricht, dann verweist NAUTHIZ daraufhin, dass unsere Pläne durchkreuzt werden. Wir kommen gewissermaßen vom rechten Wege ab. Entsprechend ungünstig fallen wie auch bei HAGALAZ zunächst die Deutungen dieser Rune aus: im Abecedarium heißt es, dass auf Hagel Not folgt und so spinnt es den Gedanken der Zerstörung der Lebensgrundlage fort. Doch das Abecedarium ist eher als Merkvers zu betrachten und weniger als Quelle hintergründiger Runendeutungen. Wie auch bei HAGALAZ gibt es für NAUTHIZ einen tieferen Sinn, der weit weniger bedrohlich ist, als die Rune auf den ersten Blick ankündigt. Das angelsächsische Runengedicht betont zwar entsprechend, dass Not auch Leid bedeutet, aber gibt uns zugleich den Hinweis, dass sie etwas ist, das wir verhindern können, wenn wir sie rechtzeitig erkennen. Dann kann die Not im Vorfeld abgewendet werden – sie wird zur Notwendigkeit. Dieses Wort ist an sich schon merkwürdig, denn einerseits wird ja die Not gewendet, also wir entkommen dem Leiden, andererseits klingt sie in unseren Ohren trotzdem wie etwas, das sein muss, dem wir uns stellen müssen. Genauer betrachtet erkennen wir in NAUTHIZ die Situationen in unserem Leben, in denen wir die Konsequenzen unseres Handelns erleben und möglicherweise erkennen, dass wir zuvor einen falschen Weg eingeschlagen haben, den wir nun korrigieren müssen. NAUTHIZ bremst uns also und gibt uns zu erkennen, dass wir den einmal eingeschlagenen Pfad überdenken soll-

ten, bevor es zu spät ist. Die Störung auf unserem Weg ist demnach nicht nur ein lästiges Übel, sondern sie dient auch dazu, unsere Ziele zu prüfen. Etwas kommt uns in die Quere! Es trifft uns wie ein Stachel in die Seiten, während wir gerade dabei waren, unseren Weg zielsicher zu gehen! »Life is what happens to you while you are busy making other plans« – Leben ist das, was passiert, während du dabei bist, andere Pläne zu schmieden. Dieses Zitat von John Lennon trifft die Grundidee von NAUTHIZ. Es kommt uns etwas dazwischen, wir werden auf unserem gewohnten Trott unterbrochen, wir werden gezwungen, für einen Moment innezuhalten – und das darf es auch. Doch dann sollten wir die Pause als Anreiz verstehen, unsere Ziele oder den Weg dahin noch einmal zu prüfen. NAUTHIZ versetzt uns für einen Augenblick in den Zustand der Frustration, weil die Dinge nicht so klappen, wie wir uns das vorgestellt haben – wir sind in »Not«, also einer schwierigen Lage –, weist uns aber auch zugleich darauf hin, dass es etwas gibt, das wir noch zu erledigen oder zu berücksichtigen haben, bevor wir weiter schreiten, etwas, das dann unsere Not wenden kann, eine Notwendigkeit eben.

Das Kerbholz

Die Rune kann aber auch ein anderes Bild wachrufen: das eines Stabes, in den etwas geritzt wird, wie ein Kerbholz. Darunter versteht man im Mittelalter und in der frühen Neuzeit einen Stock, auf den durch Zeichen und Symbole eine Schuld bezeichnet wurde. Der Stock wurde in zwei Hälften gespalten, je eine Hälfte blieb beim Gläubiger, die andere beim Schuldner. Auf diese Weise konnten Schulden fälschungssicher dokumentiert werden. Am Zahltag wurden die beiden Hälften zusammengeführt und der Schuldner zur Zahlung aufgefordert. Noch heute kennen wir die Redensart »etwas auf dem Kerbholz haben«, und meinen damit, sich schuldig gemacht haben. Möglicherweise wird dieses Merksystem schon seit der Altsteinzeit verwendet, damals wurde auch auf Knochen geritzt. Dadurch wird eine andere Bedeutungsebene von NAUTHIZ angesprochen, die verständlich macht, warum einige Autoren in dieser Rune auch so etwas wie eine Schicksalsrune sehen und sie mit den drei Nornen in Verbindung bringen, den Schicksalsgöttinnen, die am Urdbrunnen in den Wurzeln des Weltenbaumes sitzen, wo sie das Schicksal der Menschen und Götter spinnen. In den Nefnaþulur der Prosaedda werden wir auf den unmittelbaren Zusammenhang zwi-

schen Nornen und NAUTHIZ gestoßen. Dort heißt es: »Nornir heita, þær es nauð skapa« – Nornen werden die genannt, welche Not erschaffen. Not ist also so etwas wie eine Schicksalsschuld und entspricht damit in etwa dem, was in fernöstlichen Überlieferungen mit Karma gemeint ist: dem Gesetz von Ursache und Wirkung. NAUTHIZ lädt uns folglich dazu ein, alles, was uns begegnet, auch das Unangenehme, als Konsequenz unserer bisherigen Haltung zum Leben und dem daraus resultierenden Verhalten zu begreifen. Alles, was uns begegnet, hat mit uns zu tun. Aber alles kann auch als Botschaft an uns verstanden werden, unseren bisherigen Lebensweg zu überdenken. Wenn uns etwas

Der mythische Drache Nidhöggr

widerfährt, das nicht unseren Vorstellungen entspricht, dann ist das nicht unabwendbares Schicksal, sondern vielleicht das Zeichen, jetzt noch die Not-Wende zu schaffen. Insofern hat NAUTHIZ großes Vertrauen in uns, dass wir noch einmal »die Kurve kriegen«.

Nidhöggr

Eine weitere Assoziation zu NAUTHIZ ist der mythische Drache Nidhöggr. Er ist ein großer Drachen mit einem Schlangenleib, der an den Wurzeln des Weltenbaumes Yggdrasil lebt. Von ihm heißt es, dass er die Wurzeln annagt und so den Baum schädigt. Nidhöggr ist mit einigen anderen Schlangen, darunter Goin und Moin, an der Quelle Hvergelmir zu finden, die alle Flüsse der Welt mit ihrem Wasser speist. Das Interessante an dieser Vorstellung ist, dass im nordischen Weltbild die Kraft der Widrigen wie selbstverständlich Teil des Kosmos ist, ja möglicherweise nötig ist, damit der Kosmos sich entwickeln kann. Mit NAUTHIZ kommt eine Kraft ins Spiel, die uns aus dem Gleichgewicht bringt und das Fundament unseres Lebens infrage stellt – und genau dadurch zeigt, dass es noch mehr gibt als den einmal eingeschlagenen Pfad. Es erinnert an das Märchen von Rotkäppchen, das von seiner Mutter den Auftrag bekommt, den rechten Weg durch den Wald – die Wildnis – nicht zu verlassen. Als dann der Wolf auftaucht und das Mädchen auffordert, sich einmal umzusehen, schlägt es wie zum ersten Mal die Augen auf und entdeckt die Blumen abseits des zwar sicheren, aber ausgetretenen Pfades. Hinter NAUTHIZ drückt sich die Wahl aus, die wir als Menschen jederzeit haben: den Weg so zu gehen, wie wir ihn schon immer gegangen sind, oder uns vom Pfad der Tugend locken zu lassen, um neue Erfahrungen zu sammeln. Da der Kosmos von Anfang an nicht perfekt geplant wurde, wie das Bild des Nidhögg oder auch der

»böse Wolf« lehrt, haben wir immer auch die Chance, jeder Unvollkommenheit als Gelegenheit zu sehen, unser Leben selbst zu gestalten.

Bedeutung

Mit NAUTHIZ haben wir eine Rune, die uns vordergründig davon erzählt, wie schwer das Leben manchmal sein kann und wie viel im Leben schiefgeht. Zugleich entlässt sie uns nicht aus der Verantwortung für das, was geschieht, sondern mahnt uns, die Ursache für manches Leid, das uns aufgebürdet wird, in uns selbst und unserem bisherigen Leben zu suchen. NAUTHIZ verspricht jedoch auch, dass künftige Notlagen vermieden werden können, wenn wir jetzt vorsichtiger sind und die Aufmerksamkeit auf die geringsten Anzeichen lenken, die einen einmal eingeschlagenen Weg infrage stellen. Es ist dann besser, den Weg zu verlassen, anstatt ihn bis zum bitteren Ende zu gehen, vielleicht aus einem Pflichtgefühl oder vermeintlicher Solidarität. In unserem eigenen Leben kann die Botschaft von NAUTHIZ uns Mut machen, über den Tellerrand zu blicken, wenn es ohnehin schon drunter und drüber geht. Anstatt festzuhalten an dem, was wir gewohnt sind, können wir die Kraft dieser Rune nutzen, unsere Gewohnheiten zu brechen und neue Wege zu beschreiten.

Stichwörter

Not, Notwendigkeit; vom Weg abkommen, Kurskorrektur, Fehler berichtigen; Ziele prüfen, sich irritieren lassen; »Schicksal als Chance«, Gesetz von Ursache und Wirkung, Karma; Verantwortung übernehmen, zu sich selbst und seinen Taten stehen; Schuld eingestehen, Schulden begleichen.

Isa

Lautwert: i
Name: ISA –
Andere Namen: isaz, ae. is

Angelsächsisches Runengedicht

Is byþ ofereald, ungemetum slidor,
glisnaþ glæshluttur gimmum gelicust,
flor forste geworuht, fæger ansyne.

Eis ist sehr kalt und über die Maßen glatt,
dabei glänzt es wie reines Glas, beinahe wie Edelsteine.
Eine Flur aus Frost, ein wunderschöner Anblick.

Bilderwelt

Eiszapfen

Der Name der Rune legt das Urbild von ISA nahe – einen Eiszapfen. Diese wunderbaren Schöpfungen aus gefrorenem Wasser stehen sprichwörtlich für die Eiseskälte des Winters. Daher spiegeln alle Assoziationen zu ISA in erster Linie einen Bezug zu dieser Jahreszeit. Der Winter ist die Phase des Jahres, in der sich das Leben in der Natur unter die Erdoberfläche zurückzieht, um sich dort zu regenerieren. In unseren Breiten werden Felder und Flure zugleich von Schnee und Eis bedeckt. Für die Menschen früherer Epochen war der Winter eine gefürchtete Zeit, denn das Überleben war gefährdet. Nun bewies sich, ob man in den warmen Tagen genügend Lebensmittel angehäuft hatte, um die kalten Monate zu überstehen. Weil es draußen dunkel und kalt wurde, zog man sich in die Behausungen zurück und scharte sich um das Herdfeuer. Das Leben in der Gemeinschaft war überlebensnotwendig, denn alleine war man kaum in der Lage, für sich selbst zu sorgen. Wer sich den Regeln des Zusammenlebens nicht beugen konnte oder wollte, der riskierte den Tod. Das Wenige, das man hatte, musste möglichst gerecht geteilt werden, auf individuelle Bedürfnisse konnte man nicht eingehen – es hätte die Gemeinschaft als Ganzes gefährdet.

ISA steht für diese Beschränkung auf das Wesentliche, Notwendige. Nicht umsonst ist es die einfachste und schlichteste Rune: ein simpler gerader Strich, die kürzeste Verbindung zwischen zwei Punkten. Abweichungen werden nicht geduldet. ISA ist eine strenge Rune. Sie verkörpert die Erstarrung des Winters, seine unbeweglich machende Kälte, die frostige Stimmung draußen. Dann steht sie auch für die Zurückhaltung des Individuums und die Unterordnung desselben unter die Gemeinschaft. ISA nimmt so wenig Raum wie möglich ein. Wenn ein Mensch diese Rune mit seinem Körper stellen möchte, dann könnte er sich einfach kerzengerade hinstellen, Beine geschlossen, Arme dicht am Körper, den Kopf geradeaus. Wer etwas länger so steht, der wird bald merken, wie die Starre des Körpers auch auf die Gedanken und die Gefühle übergeht. Ist dies der Grund, warum diese Haltung typisch ist für Soldaten beim Appell? Auch sie verschwinden als Einzelwesen in der Masse. Das Einzelschicksal ist unbedeutend. ISA setzt die Reihe der Runen fort, die gerne mit schwierigen Themen in Verbindung gebracht werden, stellt sogar den Höhepunkt dar, denn während die zwei Runen davor – HAGALAZ und NAUTHIZ – noch von Bewegung und damit von Leben kündeten, ist sogar dieses jetzt erloschen – scheinbar! Denn wie wir alle wissen, schlummert das Leben im Winter lediglich unter der Oberfläche, um dann im Frühling wieder neu zu erwachen.

Eisfläche

Wenn wir ISA um 90 Grad drehen, dann bekommen wir eine horizontale Linie. Leicht lässt sich dies mit der gefrorenen Wasseroberfläche von Teichen, Seen und manchmal auch Flüssen in Verbindung bringen. Wenn wir das altenglische Runengedicht betrachten, fällt auf, dass überhaupt nicht auf die negativen Eigenschaften von Eis als Merkmal des strengen Winters Bezug genommen wird, sondern im Gegenteil die schönen Seiten des gefrorenen Wassers im Vordergrund stehen: Eis

glänzt, glitzert wie Edelsteine, die eisbedeckten Flure sehen wunderschön aus – die zauberhaften Seiten des Winters an einem sonnigen Tag erstehen vor unserem inneren Auge, wenn die Schneedecke alle Unruhe unter sich begraben hat und eine friedliche Atmosphäre über der Landschaft liegt. Alles Störende, Verwirrende ist verschwunden. Ruhe und Frieden sind zwei Aspekte von ISA, die mit dieser Konzentration auf das Wesentliche einhergehen. Wir halten inne, stehen stille, nichts lenkt unsere Aufmerksamkeit ab. Unser Blick richtet sich nach innen, während um uns herum alles still ist. Dort entdecken wir, wie unter der Eisfläche, ein anderes Leben, das wir nur dann spüren, wenn wir diesen Zustand von Versenkung zulassen und ganz ruhig werden. ISA hat etwas Meditatives, in sich Ruhendes. Während alle individuellen Unterschiede im Äußeren an Bedeutung verlieren, gelangen wir zu unserer inneren Mitte – und zu dem, was wir wirklich wollen.

Brücke

Eis ist mehr als einfach nur kalt – es ist gefrorenes Wasser und verändert als solches seine üblichen Eigenschaften. Ist Wasser in seinem flüssigen Zustand instabil, ist es gefroren fest und stabil. Gefriert das Wasser eines Flusses, dann können wir es jetzt wie eine Brücke betreten und so von einem Ufer zum anderen gelangen. Im altnorwegischen Runengedicht wird diese Sichtweise auf ISA wörtlich genommen, denn dort heißt es: »Eis nennen wir die breiteste Brücke«. Eine Brücke ist symbolisch die Verbindung zwischen zwei an sich getrennten Bereichen. In der germanischen Mythologie gibt es beispielsweise eine Brücke zwischen der Welt der Götter und der Welt der Menschen, Bifröst genannt. Sie verbindet gewissermaßen oben und unten, Himmel und Erde, das Reich der Möglichkeiten und das Reich der Wirklichkeiten

zwischen Geist und Materie. Solange diese Brücke besteht, kann die Energie zwischen diesen beiden Bereichen ungehindert fließen. Was wir denken und fühlen, stimmt mit dem überein, was wir tun. ISA ähnelt dieser Brücke, denn die senkrechte Linie deutet diese Verbindung zwischen oben und unten an, zwischen Geist und Körper. Wenn diese Verbindung unterbrochen ist, dann kann es passieren, dass wir die Dinge tun, ohne mit unserer Seele bei der Sache zu sein. Unsere Handlungen passen nicht zu unseren Bedürfnissen, wir verhalten uns anders, als wir im Inneren empfinden. Der Grund dafür liegt fast immer darin, dass wir uns bei dem, was wir tun, verausgaben und immer seltener, angetrieben vom Wunsch nach Leistung und aktiver Teilhabe am Leben, auf unsere innere Stimme hören, die uns deutliche Signale sendet, wenn wir übertreiben. Im übertragenen Sinne beschreibt ISA einen Zustand, indem das, was uns zuvor davon abhielt, in Kontakt mit uns selbst zu kommen, nun »auf Eis gelegt« ist. Brannten wir zuvor fast aus, kühlt uns nun das Eis – und bringt uns zum Stillstand. Erst jetzt können wir wieder spüren, was uns am Leben erhält, und warum wir die Dinge tun wollen, die wir tun. Am Ende erlaubt uns ISA für einen Augenblick den Atem anzuhalten, um dann tief aus- und wieder einzuatmen: ein neuer Zyklus kann beginnen.

Bedeutung

ISA bringt uns den Stillstand und damit die Gelegenheit, uns wieder auf uns selbst zu konzentrieren. Während wir im Alltag oft getrieben von Leistungsdruck zu viel tun und dabei unsere wahren Bedürfnissen aus den Augen verlieren, kehrt mit ISA ein Zustand ein, in dem wir angehalten werden, um uns zu hinterfragen. Es ist, als ob jemand die Stopp-Taste drückt und alles um uns herum einfriert, damit wir wieder bei uns selbst ankommen. All unsere Aufmerksamkeit geht nun nach innen. Wir treten in Verbindung mit den Kräften, die in uns schlummern, anstatt uns im Alltäglichen zu verlieren. Wir schließen die Augen und lauschen unserer inneren Stimme, während der Lärm der Welt verstummt. Was wir dort vernehmen, ist das, was uns eigentlich antreibt, diese Welt mitzugestalten, und zwar genauso so, dass es unserer Persönlichkeit entspricht – und nicht den Vorgaben der Gesellschaft oder den Anforderungen aus unserer Umwelt.

Stichwörter

Stillstand, Stille. Ende des Überflusses, Sparsamkeit, weniger ist mehr. Das Ende der Fülle. Sich auf das Nötige besinnen, sich auf das Wesentliche konzentrieren. Die eigenen Bedürfnissen (wieder) wahrnehmen. Die innere Stimme, der innere Ruf.

Jera

Lautwert: j
Name: JERA – Jahr
Andere Namen: jeran, ae. ger

Angelsächsisches Runengedicht

Ger byþ gumena hiht, ðonne God læteþ,
halig heofones cyning, hrusan syllan beorhte
bleda beornum ond ðearfum.

Der Jahreslauf gibt den Menschen Hoffnung, wenn Gott,
der heilige Himmelskönig, die Erde herrliche Früchte
hervorbringen lässt, für die Reichen ebenso wie für die Armen.

Bilderwelt

Der Jahreskreis

Die eckige Form der Runen kommt zustande, weil sie in der Regel in Holz oder Stein geritzt wurden. So kommt es, dass viele Formen, die eigentlich rund wären, in den Runenzeichen Kanten haben. Dies ist sehr wahrscheinlich auch bei JERA der Fall: Hier können wir uns denken, dass der Schreiber der Rune zwei Halbkreise vor Augen hatte, die sich mit ihren Öffnungen zuwenden. Zusammen mit der Benennung ergibt sich eine Form, die an die zwei Hälften des Jahreskreises denken lässt, das Jahr mit seiner hellen und seiner dunklen, warmen und kalten Seite, dem Sommer und dem Winter. Das altenglische Runengedicht legt nahe, dass wir vor allen Dingen den fruchtbringenden Teil des Jahres in dieser Rune verkörpert sehen sollen, was einen Ausgleich nach der Betonung der Kälte in der vorangehenden Rune ISA schafft. Dennoch steht JERA auch für sich allein als das Jahr und betont den Lauf der Zeit. Das Jahr ist eine Zeiteinheit und gekennzeichnet durch die fortwährende Wiederholung der Wachstumsphasen in der Natur, wie sie für den Menschen bedeutsam sind: Im Frühling erwacht die Natur zu neuem Leben, im Sommer erreicht sie ihre Blüte, im Herbst wird geerntet und im Winter ruht die Natur. Maßgeblich ist der Lauf der Sonne über den Himmel: Im Sommer steht sie hoch über dem Ho-

rizont, die Tage sind lang und warm, im Winter hingegen steht sie tief, ihr Licht wirft lange Schatten und die Nächte sind lang und kalt. Der Übergang zwischen diesen beiden Phasen wird durch zwei Momente im Jahreslauf markiert, die Sonnenwenden. Zur Sommersonnenwende am 21. Juni erreicht die Sonne ihren höchstmöglichen Stand über dem Horizont, dann wendet sie ihre Richtung und steigt von da an jeden Tag ein Stückchen weiter ab. Erst am 21. Dezember, zur Wintersonnenwende, wird diese Abwärtsbewegung wieder umgekehrt und die Sonne steigt langsam, aber sicher jeden Tag wieder ein Stückchen höher über den Horizont.

Diese beiden für das Leben der Menschen wichtigen Tage wurden und werden in vielen Kulturen der Welt gefeiert. Auch bei uns haben sich viele Traditionen zu diesen Tagen erhalten, nicht zuletzt in der Übernahme der einst heidnischen Feste durch das Christentum an Weihnachten und an Johannis. Auch JERA markiert diese beiden Wendepunkte, indem oben und unten eine Lücke im Kreis gelassen wird. In anderen Darstellungen der Rune wird der Kreis von einem senkrechten Strich geteilt und markiert so den höchsten und den tiefsten Punkt des Sonnenlaufs. JERA steht für die Gewissheit der Wandlung alles Lebens. Nichts bleibt in seinem augenblicklichen Zustand, sondern wandelt sich ununterbrochen, wächst und vergeht, um dann wieder neu zu erstehen. Dabei wiederholt sich einerseits das Muster, Jahr für Jahr, und das gibt uns bis zu einem gewissen Grad das Gefühl von Verlässlichkeit. Andererseits wissen wir, dass kein Jahr dem anderen gleicht. So gesehen ist es nicht einfach eine Wiederholung desselben, sondern eine fortwährende Entwicklung: Jeder neue Lauf geschieht auf einer anderen Stufe. Der Kreis ist nicht geschlossen, sondern gleicht eher einer sich vorwärts bewegenden Spirale.

Heilige Hochzeit

Wenn wir JERA um 90 Grad drehen, dann verwandeln sich die beiden Hälften des Jahres in zwei Schalen, die aufeinanderliegen. Das erinnert an die Vorstellung vom Himmelsgewölbe als einer Kuppel, die auf dem Erdkreis liegt. Unter unseren Füßen wird die Kuppel zu einer Kugel vervollständigt, in deren Mittelpunkt wir als Betrachter stehen – das Weltbild vieler alter Kulturen, wie es aus der Anschauung der Vorgänge am Himmel entsteht. Die beiden Kugelhälften berühren sich am Horizont, verbinden sich zu einem Ganzen. Wir können auch sagen: Himmel und Erde vermählen sich. In vorchristlichen Religionen wird dies als Heilige Hochzeit bezeichnet: der Himmel heiratet die Erde, legt sich über sie, um sie zu befruchten. Regen wässert die Erde, Sonnenstrahlen erwecken die in ihr schlummernde Fülle des Lebens. Der Leib der Erde öffnet sich und die Pflanzen streben dem Licht entgegen, um dann wieder in den Schoß der Erde zurückzukehren.

Vater Himmel, Mutter Erde – aus dieser Vorstellung heraus sind sie hervorgegangen. Aber nur zusammen bilden sie eine sinnvolle Einheit. Alles Leben kennt diese Urpolarität, die sich im Werden und Vergehen alles Lebendigen ausdrückt. JERA nötigt uns ab, diesen fortwährenden Wandel anzuerkennen. Die Kenntnis der Polarität ist grundlegend, will der Mensch von der Natur und ihrer Fülle profitieren. Sich im Einklang mit diesen Zyklen zu bewegen, muss das Ziel sein, dagegen zu arbeiten, führt zwingend zu einer Störung der natürlichen Prozesse und damit zu einem Herausfallen aus diesem Kreislauf. Der Umgang des Menschen mit der Natur, wie er in der Gegenwart stattfindet, bedroht uns letztlich selbst, weil wir uns über den Rhythmus der Natur gestellt und in die empfindlichen Kreisläufe eingegriffen haben, um sie unserem Willen untertan zu machen. Anstatt den Zyklen von Werden und Vergehen ihre Zeit zu lassen, betreiben wir Raubbau an den Ressourcen der Erde, um jetzt und sofort das Maximum herauszuholen. Die Antwort der Natur kommt stehenden Fußes: Die Umweltbedingungen verändern sich – und zwar zu unseren Ungunsten. Durch unser Verhalten drohen wir die Welt, auf der wir leben, zu vernichten. JERA holt uns ins Bewusstsein zurück, wie wichtig es ist, den Dingen ihre Zeit zu lassen und nichts zu erzwingen, denn am Ende richten sich die Folgen dieses rücksichtslosen Vorgehens gegen uns selbst.

Mondphasen

Auch die Mondphasen können in der Rune JERA gesehen werden: die ab- und die zunehmende Sichel, zusammengefügt der Vollmond. Der Mond wird in den meisten Kulturen nicht nur wegen seines mystischen Lichtes verehrt, sondern dient auch als Zeiger der Zeit. Das deutsche Wort »Monat« hängt eng mit dem Wort »Mond« zusammen, dieses wiederum geht aus einer alten Wortwurzel hervor, die mit »messen, abmessen« zu tun hat. Der Mond ist also einer, der die Zeit abmisst, weil der auffällige Wandel seiner Gestalt sich ganz regelmäßig wiederholt. Das Jahr wurde nach der Wiederkehr des Neumondes nach ca. 29 Tagen in zwölf Unterabschnitte eingeteilt, aus denen sich unsere Monate entwickelten. Noch vor der Übernahme der lateinischen Monatsnamen waren deutsche Bezeichnungen für diese Mondzeiten üblich, in denen sich die entsprechenden jahreszeitlichen Verhältnisse spiegeln wie Lenzmond, Heumond, Eismond oder Erntemond. Noch heute legen viele Menschen Wert darauf, bestimmte Aktivitäten des Alltags mit den Mondphasen in Einklang zu bringen, sei es Gartenarbeit, Küchenarbeit oder den Friseurbesuch. Für alles,

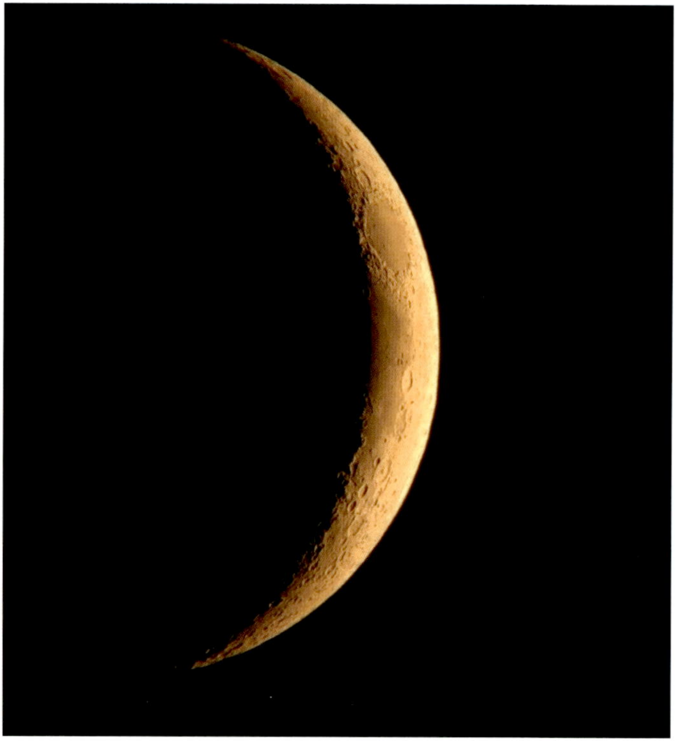

so die Vorstellung, gibt es einen richtigen Zeitpunkt, den man einhalten muss, damit das, was man vorhat, auch von Erfolg gekrönt wird. In diesem Sinne ist JERA die Rune vom richtigen Augenblick und hält uns dazu an, ein Gespür dafür zu entwickeln, was wann dran ist. Das bedeutet manchmal auch, Geduld zu haben, um den stimmigen Moment in einem Zyklus zu erwischen. Diese Geduld wird belohnt: Was auch immer wir uns wünschen, es entfaltet sich letztlich von alleine, wenn wir ihm seine Zeit geben.

Bedeutung

JERA macht uns darauf aufmerksam, dass wir nichts erzwingen können, sondern dass wir darauf angewiesen sind, uns im Einklang mit den Zyklen der Natur zu bewegen, wenn wir nachhaltig erfolgreich sein wollen und nicht nur auf den schnellen Profit aus sind. Die Natur entfaltet sich von ganz alleine, wir brauchen nur Geduld mitzubringen. Anstatt am Grashalm zu ziehen, damit er schneller wachsen möge, empfiehlt uns JERA den Prozessen des Wachstums genau die Zeit zu geben, die sie brauchen, um das optimale Ergebnis hervorzubringen. Wir müssen nur noch aufmerksam sein, um den richtigen Augenblick abzupassen, an dem wir die Ernte einfahren können – nicht zu früh und nicht zu spät. Das Bewusstsein, in einen Kreislauf aus Werden und Vergehen eingebunden zu sein, kann uns helfen, den Herausforderungen des Lebens mit größerer Gelassenheit zu begegnen, denn manchmal nützt es einfach nichts, aus blindem Eifer viel Kraft für das Erreichen eines Zieles aufzuwenden, wenn die Natur es von ganz alleine richten würde – wenn man ihr Zeit lässt. JERA ist so gesehen auch die Rune der Vernunft, die Kraftverschwendung anprangert.

Stichwörter

Kreislauf aus Werden und Vergehen, Wachstumsprozesse; sich im Einklang mit der Natur bewegen; alles hat seine Zeit, alles zu seiner Zeit; auf den richtigen Augenblick achten; Fülle, Fruchtbarkeit, Fortpflanzung.

Eihwaz

Lautwert: ei
Name: EIHWAZ – Eibe
Andere Namen: ae. eoh

Angelsächsisches Runengedicht

Eoh byþ utan unsmeþe treow,
heard hrusan fæst, hyrde fyres,
wyrtrumun underwreþyd, wyn on eþle.

Die Eibe hat eine raue Rinde,
ist hart, fest wie ein Felsen, sie ist die Hüterin des Feuers,
ist tief verwurzelt und eine Freude auf jedem Grund.

Bilderwelt

Eibe

Name und Gestalt der Rune haben auf den ersten Blick keine Beziehung zueinander, sodass zunächst der Baum und seine kulturelle Bedeutung maßgeblich für die Deutung von EIHWAZ sind. Die Eibe ist die älteste heimische Baumart und es gibt sie schon seit mindestens 600 000 Jahren. Heute steht sie unter Naturschutz. Sie ist der einzige heimische Giftbaum und liebt es, im Schatten der anderen Bäume zu gedeihen. Sie wächst sehr langsam und nicht sehr hoch, doch kann sie dafür älter werden als alle übrigen heimischen Bäume. Die Eibe ist ein seltsamer Baum: Auf der einen Seite ist sie ein Nadelgehölz, auf der anderen Seite bildet sie keine Samenzapfen wie Fichte oder Tanne, sondern rote »Scheinbeeren« (Arillus), bei denen das korallrote Fleisch

des Fruchtbechers einen Samenkern umhüllt. Während die weiblichen Eiben im Spätsommer und Herbst diese Früchte tragen, verbreiten die männlichen Eiben aus ihren Blüten im Frühling einen nebelartigen Staub. Auffällig auch die oft gewundene, wulstige, tief gefurchte Gestalt des Stammes, in dessen Formen uns nicht selten eigenartige Wesen und Gesichter anzublicken scheinen. Ältere Bäume sind hohl und verjüngen sich, indem sich aus der Krone Äste in den Boden senken und so einen neuen Stamm bilden, oder werden von jungem Holz umwallt. Die Eibe befindet sich in einem ununterbrochenen Verwandlungsprozess, der es schwer macht, ihr wahres Alter zu bestimmen. Ihr Holz hat eine gelbliche bis tiefrote Färbung. Besonders an regenreichen Tagen leuchtet es unter der abgeschuppten Rinde blutrot hervor. Überlebt hat sie zumeist in Gärten, auf Friedhöfen und in Parks. Vielleicht hängt der althochdeutsche Name »iwa« mit dem Wort »ewa« für Ewigkeit zusammen, dann wäre die Eibe der immergrüne Baum, der den Tod überwindet – und bringt.

Von der Giftigkeit der Eibe sprach bereits Julius Cäsar. Er berichtete, dass der Eburonenkönig Catuvolcus sich mit einem Eibentrunk das Leben nahm. Sehr wahrscheinlich hatte der Selbstmord des Keltenfürsten einen kultischen Hintergrund. Das Gift der Eibe heißt Taxin, ist stärker als das des Fingerhuts und führt zu einem schnellen Herzstillstand. Zwar ist die Eibe auch für Menschen giftig, allerdings müsste man wenigstens 50 Gramm davon verspeisen. Einzig das rote Fruchtfleisch, welches den ebenfalls giftigen Samenkern umschließt, ist ungiftig und schmackhaft. Kein Wunder, dass dieser geheimnisvolle Baum auch ein heiliger Baum ist. Die Germanen und Kelten sahen in ihm einen Begleiter in die Anderswelt. Sie tränkten ihre Pfeilspitzen im giftigen Eibensud.

Der Zauber der Eibe hatte zudem eine bannende Wirkung gegen alles Böse, gegen Hexen und Dämonen: »Vor Eiben kann kein Zauber bleiben«. Als Baum der Unterwelt finden wir sie auf vielen Friedhöfen. Andererseits stehen Eiben nicht nur für den Tod, sondern auch für dessen Überwindung, nicht zuletzt weil sie immergrün sind. Die Begegnung mit der Eibe ist in jedem Fall etwas ganz Besonderes. In ihrem Schatten herrscht eine düstere Atmosphäre, die Ehrfurcht einflößt. Keine Eibe gleicht der anderen. Wie Gespenster oder Wesen aus einer anderen Welt strecken sie uns ihre Äste entgegen, manchmal einladend, öfters aber warnend. Eine starke Kraft der Wandlung geht von ihnen aus. Wer sich auf sie einlässt, für den kann die Eibe wie ein

Kanal wirken, der uns von Altlasten befreit, sobald wir bereit sind, sie wirklich loszulassen, um einen Neubeginn zu wagen.

Yggdrasil

Manche glauben, Yggdrasil, der Weltenbaum der Germanen, sei gar keine Esche, sondern eine Eibe, da diese als immergrüner Baum viel besser geeignet sei, die neun Welten zu verbinden. Bemerkenswert ist, dass Yggdrasil so viel wie »das Pferd des Schrecklichen« bedeutet, wobei der Schreckliche niemand geringerer sein wird als Odin selbst, der höchste aller Götter. Wenn damit der Baum selbst gemeint ist, dann könnte er auch als ein »Reisebaum« betrachtet werden – ein Baum, auf dessen »Rücken« wir in andere Welten reisen können, vielleicht ein Hinweis auf die psychoaktiven Wirkstoffe der Eibe: Besonders an warmen Tagen dünsten Eiben Pseudoalkaloide aus, sodass viele Menschen schon nach wenigen Minuten eine Mundtrockenheit, Entspannung und Wärme empfinden, eine typische Alkaloidwirkung. Andere berichten von Beklommenheit, Kopfschmerzen und Kreislaufstörungen, die sich nach einem mehrstündigen Aufenthalt unter der Eibe einstellen. Auch rauschartige, euphorische Zustände bis hin zu Trance können eintreten. Hielten deshalb die

Druiden unter Eiben Rat, weil sie die bewusstseinserweiternde Wirkung dieses Baumes nutzten? Die Eibe ist ein Baum des Übergangs, ein Baum der Grenze – zwischen Leben und Tod, zwischen dieser Welt und der anderen Welt. Als solcher steht sie auf Friedhöfen, wo sie einerseits mit ihrem immergrünen Nadelkleid für das ewige Leben steht, andererseits aber so gut wie kein anderer Baum den Übergang in das Jenseits verkörpert. Wie so oft, wirkt die Eibe in beide Richtungen: sie kann uns beim Überschreiten der Grenzen unterstützen, sichert aber auch die Grenzen dieser Welt. Die Eibe schützt vor Dämonen und Hexen: Wer ein Stück des Holzes am Körper trägt, der ist gewappnet gegen jede Form von Zauberei.

Bogen und Schlange

Das Urbild der Rune ist schwierig zu deuten, aber vielleicht stellt es einen stilisierten Bogen dar, denn aus dem sehr haltbaren und elastischen Holz schuf man schon in der Steinzeit besonders langlebige Waffen wie Pfeile und Bögen. Auch das Bogenholz von »Ötzi«, dem in den Ötztaler Alpen gefundenen mumifizierten Leichnam eines Menschen der frühen Steinzeit, war aus diesem begehrten Holz gefertigt. So kam es, dass Eiben vielerorts aufgrund der großen Nachfrage an Kriegs- und Jagdwaffen um 1600 weitgehend ausgerottet waren. Der Bogen war bei den Germanen keine der üblichen Waffen, denn die Krieger zogen den Nahkampf vor – der Umgang mit Pfeil und Bogen hatte etwas Heimtückisches. Und so wundert es nicht, dass es ein von einem Bogen abgeschossener Mistelzweig war, der den Lichtgott Balder tötete, nachdem der blinde Höder vom arglistigen Loki dazu angestiftet worden war. Der Wintergott Ulla führte einen Bogen mit sich, und bezeichnenderweise heißt seine Himmelsburg Ydalir, das Tal der

Eiben. Der Bogen ist abgesehen davon ein altes Mondsymbol und wird gerne von Mondgöttinnen getragen, zum Beispiel von der antiken Artemis/Diana, der Göttin der Jagd. Hier erscheint der Mond in seiner mystischen Bedeutung und nicht so sehr in seiner Funktion als Zeitmesser wie in der vorangehenden Rune JERA. Der Mond, als Herrscher der Nacht, taucht alles in ein silbriges, unwirkliches Licht. Er regiert die Welt der Träume und des Schlafes, während seine Schwester, die Sonne, die Welt des Tagbewusstseins beherrscht. Mondlicht spielt bei vielen magischen Ritualen und Beschwörungen eine ganz besondere Rolle – er verstärkt die Zauberei.

Bedeutung

EIHWAZ ist eine Rune, die sich weniger auf das Alltägliche des Hier und Jetzt bezieht, sondern uns einen Zugang zum Jenseitigen verschaffen kann. Mit EIHWAZ werden wir an die Grenzen des Bewusstsein geführt und eingeladen, diese zu überschreiten. Dabei werfen wir einen Blick hinter die Schleier der Wirklichkeit. Was wir dort erblicken, ist eine Botschaft, die möglicherweise unseren Verstand übersteigt, aber die uns so intensiv berührt, dass sie unser Leben verwandeln kann. EIHWAZ bezieht sich auf solche magischen Augenblicke in unserem Dasein, in denen wir nicht wissen, warum, wieso und weshalb wir auf einmal überzeugt sind, unser Leben zu ändern. Wir spüren nur, dass es wichtig und richtig ist, finden aber keine Argumente dafür und können es auch nicht vermitteln. Es ist wie das Gefühl, aus einem Traum zu erwachen und zu wissen, dass sich etwas ändern wird. EIHWAZ bringt Vorahnungen, manchmal Hellsichtigkeit und prophetische Kräfte. Diese Rune ermutigt uns, diesen Eingebungen zu vertrauen und alle Bedenken beiseitezulassen. EIHWAZ verbindet uns mit unserem höheren Selbst, ob wir darin nun einen Impuls aus der Anderswelt, von Gott oder einfach aus den Tiefen unseres Unbewussten sehen, bleibt am Ende gleich.

Stichwörter

Leben und Tod; Ewigkeit, Jenseits, Anderswelt; Überschreiten der Grenze zwischen Tag- und Nachtbewusstsein; Magie, Zauberei; Kontakt mit dem Unbewussten, Traumwelt; Geheimnisse; Botschaften des Höheren Selbst.

Perthro

Lautwert: p
Name: PERTHRO – Übersetzung unklar; möglicherweise Kessel oder Würfelbecher
Andere Namen: ae. peorð

Angelsächsisches Runengedicht

Peorð byþ symble plega and hlehter
wlancum (on middum), ðar wigan sittaþ
on beorsele bliþe ætsomne.

Der Becher ist immer Anlass für Spiel und Scherz
für die Großen, wenn die Krieger
in der Festhalle fröhlich zusammensitzen.

Bilderwelt

Würfelbecher

PERTHRO gehört zu den geheimnisvollsten Runen des älteren Futhark. Nur im angelsächsischen Runengedicht wird sie überhaupt beschrieben und ihr Name ist dunkel. Was genau ist mit PERTHRO gemeint? In der Herleitung sind viele Wortwurzeln denkbar, angefangen von einem Wort für »Pforte« bis hin zu einer Verbindung mit der Göttin Perchta. Die Gestalt der Rune erinnert an einen Becher, sodass gerade im Zusammenhang mit dem Runengedicht die Assoziation mit einem Würfelbecher naheliegt. Es könnte sich aber auch um einen Kessel handeln, aus dem in der Festhalle Met geschöpft wird. Möglicherweise ist aber genau diese Vieldeutigkeit Teil des Wesens dieser

Rune. Bleiben wir zunächst beim Bild eines Würfelbechers. Der Reiz des Würfelns besteht darin, sich auf das Unvorhersehbare einzulassen. Der Zufall ist eine wichtige Komponente bei allen Spielen, die mit Würfeln gespielt werden. Der Zufall ist das, was uns zufällt. Er bringt das Unerwartete in unser Leben, etwas, womit wir nicht gerechnet haben. Das kann ein glücklicher Zufall sein, aber manchmal ist es auch einfach nur ein Unfall, dann sprechen wir vom Pech, das wir gerade haben. In beiden Fällen haben wir es nicht kommen sehen und geben uns selbst in der Regel keine Schuld, wenn etwas beispielsweise schiefläuft. Der Zufall oder der Unfall, Glück oder Pech scheinen Begebenheiten zu sein, über die wir keine Kontrolle haben, die einfach ohne unser Zutun geschehen. Vielleicht waren wir zur falschen Zeit am falschen Ort – oder genau das Gegenteil. Manchmal, so scheint uns PERTHRO zu vermitteln, ist es Glückssache, was uns im Leben widerfährt. Wenn wir uns das

Runengedicht vor Augen führen, dann rät uns die Rune, solche Zufälle nicht allzu ernst zu nehmen, sondern wie Glück oder Pech anzunehmen: das Leben ist ein Spiel. Alles, was uns zufällt, ist an sich weder gut noch schlecht. Das, was gerade zufällig geschieht, können wir als das Ergebnis von Zusammenhängen betrachten, die wir nicht durchschauen, und das gibt uns die Chance, es wertfrei zu betrachten. Eine Schuldfrage zu stellen oder sich Gedanken darüber zu machen, ob wir es hätten verhindern können, scheint unter diesem Gesichtspunkt müßig. Anstelle dessen könnten wir uns fragen: Was mache ich jetzt damit, wo es nun einmal in mein Leben getreten ist, ob ich es wollte oder nicht? Manchmal nutzen wir diese Form des Zufalls auch ganz bewusst, zum Beispiel beim Ziehen einer Rune. PERTHRO ist vielleicht nicht einfach ein schnöder Würfelbecher, sondern ein Gefäß, in dem Lose aufbewahrt werden, ähnlich dem Beutel, in dem wir unsere Runen aufbewahren. Wenn wir eine Rune aus dem Beutel fischen, dann könnten wir auch davon sprechen, dass wir hier den Zufall bemühen. Wenn wir dann die Rune auf uns beziehen, ist das nichts anderes, als im Zufall eine Bedeutung zu sehen, die er an sich gar nicht hat. Die Bedeutung entsteht dann in uns. Erst durch die Betrachtung der Rune im Zusammenhang mit einer Frage, die wir gestellt haben, oder unserer aktuellen Lebenssituation entsteht etwas Bedeutung. Der Zufall hat also etwas Schöpferisches, Kreatives. Wenn wir ihn in unser Leben lassen, dann kann er uns wichtige Impulse auf unserem Weg geben.

Kessel

Nun mag man einwenden, dass es so etwas wie einen Zufall in Wirklichkeit nicht gibt, denn alles, was uns geschieht, ist die Konsequenz

von Ursache und Wirkung – nur können wir Menschen den Plan dahinter nicht einsehen. Tatsächlich ist die landläufige Vorstellung von Orakeln wie dem Werfen einer Rune nicht, dass wir dem Zufall eine Türe öffnen, sondern dem Schicksal in die Karten zu schauen. Dahinter steckt die Vorstellung, dass alles, was uns begegnet, bereits einen Sinn hat und nicht erst durch unsere Betrachtungsweise erst einen Sinn bekommt. PERTHRO löst diese Frage nicht, auch wenn das Bild des Kessels das Motiv vom Hexenkessel wachruft, in welchen die Zauberin blickt, um in die Zukunft zu sehen. Doch der Kessel könnte auch ein Bild für den Urdbrunnen am Fuße der Weltesche Yggdrasil sein, an dem die drei Nornen sitzen und das Schicksal der Menschen und Götter bestimmen:

»Davon kommen Frauen,
vielwissende,
Drei aus dem See
dort unterm Wipfel.
Urd heißt die eine,
die andre Verdandi:
Sie schnitten Stäbe;
Skuld hieß die dritte.
Sie legten Lose,
das Leben bestimmten sie
Den Geschlechtern der Menschen,
das Schicksal verkündend.«

Der Kessel von Gundestrup (Bild Rosemania).

Die drei Nornen losen also das Schicksal der Menschen. Damit wird angedeutet, dass das, was wir als unser Schicksal erleben, das, was uns geschickt wird, wofür wir also nichts können, tatsächlich zufällig bestimmt wird. PERTHRO deutet an, dass unsere Geschicke oftmals nichts weiter sind als Fügung, die wir annehmen müssen. Ob und wie es sich dann in unser Leben einfügt, das entscheiden wir letztlich dadurch, mit welcher Haltung wir dem, was uns zugefügt wird, umgehen.

In vielen Mythologien kommen Zauberkessel vor, wie der des irischen Gottes Dagda, ein Gefäß, das unerschöpflich Speise gibt und zu den vier magischen Schätzen der Götter gehört. Außerdem kann er die Toten wieder zum Leben erwecken. Der Kessel wird so zum Sinnbild der Wiedergeburt und der unerschöpflichen Fülle des Lebens. Alles Leben geht aus ihm hervor und kehrt wieder in ihn zurück. In der walisischen Tradition ist er als Kessel der Inspiration bekannt, indem die Zauberin Cerridwen einen magischen Trank braute. PERTHRO steht dann vielleicht für eine solche Inspiration, die wir aus den Zufällen gewinnen können, wenn wir spielerisch mit dem umgehen, was uns begegnet – der Zufall wird zum Einfall.

Bedeutung

PERTHRO ist eine rätselhafte Rune und scheint mit den geheimnisvollen Mechanismen des Zufalls in Zusammenhang zu stehen. Manchmal geschehen uns Dinge, die wir schlecht einordnen können, dann betrachten wir sie als Schicksal und meinen damit, dass es eben oftmals anders kommt, als wir geplant haben, frei nach dem Motto: »Leben ist das, was dir passiert, während du andere Pläne hast« (John Lennon). Es geht darum, das was in unser Leben eintritt, ob wir es wollten oder nicht, anzunehmen, mehr noch: es zur Quelle unserer Inspiration zu machen. Wenn es uns gelingt, die Ereignisse, die guten wie die schlechten, als Zutat im Kessel der Inspiration zu verstehen, dann machen wir uns nicht zum Opfer eines wie auch immer gearteten Schicksals, dem wir uns fügen müssen, sondern wir fügen das, was gerade ist, so in unser Leben, dass es am Ende eine Bereicherung für uns ist. Das ist sicher nicht immer einfach und verlangt von uns neben Fantasie und Kreativität auch das Bewusstsein, dass es das Leben nicht böse mit uns meint, sondern das Glück und Unglück in uns geschehen, und nirgendwo anders. Es ist eine Frage der Haltung, mit der wir dem Leben begegnen. PERTHRO ermutigt uns, dem Zufall eine Chance zu geben und nicht aufzuhören, Schöpfer unseres Lebens zu sein, nur weil uns etwas widerfährt, mit dem wir nicht einverstanden sind.

Stichwörter

Zufall – das, was uns zufällt; Einfall, Inspiration; Schicksal, Geschick, Fügung; das Unwägbare, Unerwartete, Unvorhersehbare zulassen; Annehmen des Schicksals und schöpferischer Umgang mit dem, was uns das Leben gerade zufügt; das Leben ist ein Spiel.

Algiz

Lautwert: z, ß (scharfes s)
Name: ALGIZ – Elch.
Andere Namen: ae. eolh

Angelsächsisches Runengedicht

Eolh-secg eard hæfþ oftust on fenne
wexeð on wature, wundaþ grimme,
blode breneð beorna gehwylcne
ðe him ænigne onfeng gedeþ.

Das Elchgras wurzelt zumeist im Sumpf,
wächst im Wasser, fügt schreckliche Wunden zu,
bedeckt mit Blut einen jeden,
der mit ihm in Berührung kommt.

Bilderwelt

»Elchgras«

Während das Wort ALGIZ sich mit Elch oder Elche übersetzen lässt, bezieht sich das altenglische Runengedicht auf »Elchgras«, wobei das Wort »secg« mit Segge verwandt ist, die botanische Bezeichnung für eine Reihe von Gräserarten, die weltweit verbreitet sind und feuchte bis nasse Standorte bevorzugen. Das Wort »Segge« wiederum ist etymologisch verwandt mit einem indogermanischen Wort für »schneiden« und verweist auf die oft schneidenden Blätter dieser Gräser. So erklärt sich die Warnung des Runengedichtes vor den schrecklichen Wunden, die diese Pflanze zufügen kann. Ursprünglich, davon gehen

die meisten Runenforscher aus, ist mit ALGIZ jedoch nicht die Pflanze gemeint, sondern tatsächlich das Tier selbst. Die Form der Rune kann durchaus als der Kopf dieser vor allen Dingen in nördlichen Gebieten des Globus beheimateten größten aller Hirscharten mit dem imposanten Geweih betrachtet werden. Grundsätzlich kann man jedoch dieser Rune jede Hirschart zuordnen, denn die Symbolik des Geweihs ist das zentrale Thema von ALGIZ. Hirsche gelten in vielen Kulturen als heilige Tiere und stehen mit dem Licht der Sonne in Verbindung. Dies liegt vielleicht daran, dass die rote Farbe des von den Geweihen abgescheuerten Bastes als Farbe des Feuers gesehen wurde. So kommt es auch, dass der Hirsch oder Elch in nordischen Ländern häufig den mythischen Sonnenwagen zieht. Aber auch in den Mythen der Mittelmeervölker finden wir diese Zuschreibung, wo der Hirsch dem Sonnengott Apollo geweiht ist. Diese Identifikation des Hirsches mit dem Himmelslicht reicht bis in die christlichen Legende vom Heiligen Hubertus, der einen Hirsch verfolgte, zwischen dessen Geweih ein Kreuz erschien, dass heller strahlte als die Sonne. Vielleicht verstand man das Geweih des Hirsches als eine Art Antenne zu den Kräften des Himmels – umso erstaunlicher, dass diese Rune vor gar nicht allzu langer Zeit das Zeichen auf Mobiltelefonen war, um den Empfang anzuzeigen. ALGIZ, so könnte man sagen, verbindet uns mit diesen positiven Kräften des Himmels. Mit ALGIZ holen wir das Licht des Himmels auf die Erde.

Stützbalken

Christus wird in mittelalterlichen Schriften mit dem Hirsch identifiziert, denn man glaubte, dass er sich bevorzugt von Schlangen ernährt. Die Schlange aber ist bekanntlich in der christlichen Mythologie ein Symbol des Teufels. Der mächtige Hirsch steht also für die schützende Kraft des Lichtes auf Erden. Tatsächlich wurde und wird ALGIZ häufig als Schutzrune eingesetzt. Dazu passt eine andere Betrachtungsweise des Runenzeichens: Es erinnert an einen Stützbalken, wie er beispielsweise in Dachstühlen älterer Häuser zu finden ist. Das Dach kann als Himmel des Hauses gesehen werden, zugleich bietet es Schutz vor dem Unbill der Natur. Wer ein »Dach über dem Kopf« hat, der kann sich sicher fühlen. Der Stützbalken garantiert, dass das Dach auch über dem Kopf bleibt. ALGIZ verweist daher auf die Kraft der Unterstützung, die wir von anderen Menschen bekommen, aber auch anderen angedeihen lassen. Schutz bekommen und Schutz geben, das ist die Botschaft von ALGIZ unter diesem Gesichtspunkt. Eine ähnliche Assoziation erhalten wir, wenn wir die

Rune auch als Abbild eines Baumes betrachten, der die belaubten Zweige seiner Krone in den Himmel streckt. Hier verbindet sich die Stabilität des Baumes mit der Idee, dass wir mit ALGIZ den Himmel berühren. Die Kraft, die wir anderen zukommen lassen oder die wir selber zu unserer Unterstützung brauchen, kommt demnach aus dem Himmel – »Alles Gute kommt von oben«, heißt es. Das Vertrauen in das Wohlwollen höherer Kräfte ist die Grundlage für die Erfahrung, vom Leben getragen zu werden. Eine weitere Assoziation ist hier der Mensch selbst, der die Gestalt der Rune bildet, wenn er seine Hände nach oben richtet und um den Segen des Himmels bietet. Wie das Geweih des Hirsches gewissermaßen die »Antennen« nach oben bilden, so heben wir unsere Arme im Gebet zum Himmel, um um göttlichen Beistand zu bitten. Es ist zugleich eine universale Geste der Segnung, wie sie in vielen Religionen von Priestern ausgeführt wird. Das heißt, dass wir die Kraft des Himmels empfangen und zugleich an andere weitergeben können. Wie fungieren in diesem Sinne wie ein Mittler zwischen oben und unten, Himmel und Erde.

Vogel im Flug

Wenn man die Rune zur Seite kippt, dann kann man in ihrer Gestalt auch einen stilisierten fliegenden Vogel sehen. Ein weiterer Bezug zu Vögeln ergibt sich daraus, dass ein Vogeltritt zum Beispiel als Spur im Sand tatsächlich an ALGIZ erinnert. Vögel als Wesen des Himmels sind ein weiterer Hinweis auf den überirdischen Bezug dieser Rune. Nicht umsonst werden Engel in der Regel mit Flügeln dargestellt, weil wir uns vorstellen, dass sie auf ihren Schwingen zwischen Himmel und Erde auf- und absteigen. Das Wort »Engel« stammt vom griechischen »angelos«, das so viel wie »Bote« bedeutet. Engel sind demnach

Botschafter des Himmels. Auch der griechische Gott Hermes, der römische Merkur, hatte Flügel, und zwar an seinen Schuhen und auch an seinem Helm. Viele Götter und Göttinnen haben einen Vogel, der ihnen heilig ist, Zeus den Adler, Hera/Juno den Pfau, Aphrodite/Venus die Taube und der Sperling und Odin die beiden Raben Hugin und Munin, die ihm zutragen, was alles auf der Welt geschieht. Vögel spielen auch in der germanischen Mythologie eine Rolle: So sitzt zum Beispiel ganz oben auf der Weltesche Yggdrasil ein Adler, der König der Vögel, der dem Himmel und seinen Kräften am nächsten ist. Auch hier taucht wieder das Bild des Beschützens und Beschütztwerdens

auf, wenn wir uns vorstellen, dass der Adler seine mächtigen Schwingen ausbreitet, unter denen wir uns geborgen fühlen dürfen – wir werden unter seine Fittiche genommen.

Bedeutung

ALGIZ ist in erster Linie die Rune des Schutzes. Sie zeigt an, dass wir Schutz finden werden, indem wir uns den Kräften des Himmels anvertrauen und um Schutz bitten. Dabei spielt es keine Rolle, von welcher religiösen Vorstellung wir dabei ausgehen, ob wir wirklich glauben, dass ein Gott seine schützende Hand über uns hält oder Engel über uns wachen. Vielmehr geht es darum, sich einer übergeordneten Instanz zu öffnen, so wie wir die Hände ausbreiten, als wollten wir den Himmel berühren und die Kräfte, die von dort auf uns niederströmen, einsammeln und uns zu ihrem Kanal machen. Genau darin liegt der zweite Sinn der Rune: nicht nur für sich um Schutz bitten, sondern auch die eigene Kraft zum Schutze anderer einzusetzen. Die Botschaft von ALGIZ ist die Gewissheit, dass wir über ausreichend Kraft verfügen, auch andere unter unsere Fittiche zu nehmen, wenn wir für das Gute, das von oben kommt, offen bleiben.

Stichwörter

Schutz, Unterstützung; Schutz bekommen und Schutz gewähren; unterstützen und unterstützt werden; um Kraft bitten, sich dem Himmel öffnen, beten; »Alles Gute kommt von oben«, Vertrauen in höhere Mächte; Vermittler zwischen oben und unten sein, Kanal für göttliche Kräfte werden; Glaube an das Gute und den Sieg des Guten über das Böse.

Sowilo

Lautwert: s
Name: SOWILO – die Sonne, der Sonnenstrahl
Andere Namen: ae. sigel

Angelsächsisches Runengedicht

Sigel semannum symble biþ on hihte,
ðonne hi hine feriaþ ofer fisces beþ,
oþ hi brimhengest bringeþ to lande.

Sonne ist für Seeleute die Quelle der Freude,
wenn sie über das Meer (»Bad der Fische«) fahren
und ihr Schiff (»Meerross«) sie wieder an Land bringt.

Bilderwelt

Sonne

Der positive Charakter dieser Rune wird schon im angelsächsischen Runenlied besungen – die Sonne als Quelle der Freude. Es ist nicht schwer, sich vorzustellen, was gerade in den nördlichen Gegenden Europas die Sonne für die Menschen bedeutete. Ihr Licht und ihre Wärme werden wohl nirgendwo sonst auf der Welt so intensiv als Spender des Lebens in der Natur erlebt. In anderen Runenliedern wird sogar darauf Bezug genommen, dass die Sonne Schnee und Eis bezwingt: Sie siegt am Ende über den Winter und vertreibt Dunkelheit und Wärme. Was vielleicht manchen Zeitgenossen verwirren mag, ist der Umstand, dass in den germanischen Sprachen die Sonne grundsätzlich weiblich ist, während in den mediterranen Kulturen die Sonne ein

männliches Prinzip verkörpert. Umgekehrt ist es auch beim Mond: bei uns ist er männlich, in den romanischen Sprachen weiblich. Dahinter verbirgt sich eine andere Idee über das Verhältnis zwischen den beiden Lichtern des Himmels. Während im Süden die Sonne als schöpferisches Prinzip verstanden wurde, welches das Licht spendet, das wiederum vom Mond als weiblichem Prinzip empfangen wird, aber auch aggressiv und zerstörerisch sein kann, betrachteten die nördlichen Völker offensichtlich die Sonne als Quelle des Lebens im Sinne eines mütterlichen Wesens, das Wärme und Geborgenheit gibt. Der Mond ähnelt dann mit seiner sich wandelnden Gestalt, dem Wachsen und Vergehen, dem Kind, das vom Licht der Mutter genährt wird und am Ende wieder in den Schoß der Mutter zurückkehrt. Das Bild von SOWILO kann als ein Strahl der Sonne gesehen werden, der die Erde erreicht – wie eine liebkosende Berührung, welche das Leben in der Erde weckt.

Sol und Mani

In der germanischen Mythologie wird von Sonne und Mond als zwei Geschwistern berichtet, Sol und Mani. Ursprünglich hatten die Götter Sonne und Mond aus Funken geschaffen, die aus Muspelsheim, dem Reich des Feuers, aufgeflogen waren. Der Riese Mundilfari nannte seine beiden Kinder nach Sonne und Mond, seinen Sohn Mani und seine

Tochter Sol, weil sie so schön waren. Doch die Götter hielten dies für eine Anmaßung, die bestraft werden musste. Sie entführten Sol und setzten sie in den Himmel, wo sie die Pferde lenken muss, die den Sonnenfunken auf einem Wagen ziehen. Diese Pferde hießen Arwakr, der Frühwache, und Alswid, der Allkluge. Der Wagen der Sonne muss sehr schnell sein, den er wird von dem Wolf Skalli verfolgt. Immer wenn er die Sonne fast erreicht hat, kommt es zu einer Sonnenfinsternis. Auch Mani, der Bruder von Sol, reist auf einem Wagen über den Himmel und wird von einem Wolf verfolgt, von Hati, dem Bruder des Skalli. Am Tag des Weltunterganges werden die Wölfe die Gejagten endlich einholen und verschlingen. In diesem Mythos taucht ein für germanische Sagenwelt typischer Grundgedanke wieder auf: Wo Ordnung herrscht, gibt es auch immer etwas, das diese Ordnung bedroht. An der Wurzel der die Welt zusammenhaltenden Weltesche Yggdrasil

nagt ein Drache und äsen Hirsche in den Zweigen, und Sonne und Mond werden von fürchterlichen Wölfen gejagt. So erklärte man sich vielleicht auch Sonnenfinsternisse, die natürlich immer etwas Bedrohliches hatten, gerade wenn das Leben als untrennbar vom Licht der Sonne betrachtet wurde. Die Verdunkelung der Sonne signalisierte Gefahr und galt in vielen Kulturen als schlechtes Omen. Oft versuchten die Menschen während des Auftretens einer Finsternis der Sonne zu helfen, indem sie Lärm machten, mit ihren Waffen auf die Schilder schlugen und laut schrieen, um das Ungeheuer zu vertreiben. Oder man schoss Pfeile und schleuderte Speere in den Himmel. Tatsächlich – wenig später befreite sich die Sonne aus den Klauen des Monsters und das Licht hatte wieder einmal die Dunkelheit besiegt. Doch die Bedrohung blieb.

Balder

Auch andere Götter verkörpern die Sonne, allen voran Balder, Gott des Lichts, der Sonne und des Frühlings. Er ist der Sohn des Odin und der Frigg. Er gilt als der strahlendste aller Götter, die Verkörperung aller guten Eigenschaften und Tugenden. Er ist derart schön und gut, dass ein Leuchten von ihm ausgeht. Er lebte in Asgard in seinem Palast Breidablick, »der weithin Glänzende«. Eines Tages hat Balder einen bösen Traum von seinem eigenen Tod. Daraufhin geht Frigg zu jedem Tier und zu jeder Pflanze und verlangt, dass sie einen Eid ablegen, Balder niemals zu verletzen. Einzig die Mistel ließ Frigg aus, da sie ihr zu unbedeutend erschien. Die Götter machen sich mit dem nun unverwundbaren Balder ein Spiel, und bewerfen ihn zum Vergnügen mit Speeren, Steinen und anderen Gegenständen, ohne ihm auch nur ein Haar krümmen zu können. Der verschlagene Loki reichte Höder, dem

Thökk nach einer isländischen Zeichnung aus dem 17. Jahrhundert

blinden Bruder Balders, einen Mistelzweig und ermunterte ihn, diesen auf seinen Bruder zu schießen. Der Zweig trifft den Gott und er bricht tot zusammen. Zur Bestattung des Balder kommen alle Götter und sogar die gefährlichen Riesen. Die ganze Welt ist so sehr verzweifelt über die Abwesenheit des Lichtgottes, dass die Götter Hermod beauftragen, ihn aus der Unterwelt zurückzuholen. Doch die Totengöttin Hel verweigert diesen Wunsch, es sei denn, alle lebenden und toten Dinge würden um Balder weinen. Da senden die Asen Boten in alle Winkel der Welt und überzeugen jedes Lebewesen, selbst die Steine und Erze, um Balder zu trauern. Nur die Riesin Thökk weigert sich, auch nur eine Träne zu vergießen, denn sie habe ja weder vom lebenden noch vom toten Balder irgendeinen Nutzen. Der Gott des Lichts muss also im Reich der Hel bleiben. Die Asen aber mutmaßen, dass diese Riesin niemand anderes als der verwandelte Loki selbst gewesen ist. Balder kommt erst wieder nach der Götterdämmerung aus der Unterwelt zurück. Es heißt, dass dann mit ihm ein neues, glänzendes Zeitalter beginnen würde. Am Ende also siegt das Gute doch, und so kommt es, dass SOWILO auch die Rune des Sieges ist.

Bedeutung

SOWILO verbindet uns mit der Kraft der Sonne, die das Leben auf der Erde weckt und den Zyklus von Werden und Vergehen aufrechterhält. Diese Rune erinnert uns daran, dass es viele schöne Augenblicke in unserem Leben gibt, über die wir uns gerade freuen können. Gerade, wenn wir eine schwere Zeit durchmachen, kann uns diese Rune die Gewissheit geben, dass wir sie gut überstehen werden, denn, wie heißt es so schön: Nach Regen folgt Sonnenschein – das Gute wird letztlich wieder Oberhand gewinnen. Auch wenn Wolken den Himmel gerade düster und grau machen, steht fest: dahinter scheint die Sonne, auch wenn wir sie gerade nicht sehen können. SOWILO steht auch für unsere Vitalität, für die Lebenskräfte in uns. Auch diese werden geweckt, wenn wir uns der Sonne zuwenden – und die Schatten hinter uns lassen. Vielleicht befinden wir uns gerade in einer Lebenssituation, in der wir wie gebannt auf das starren, was nicht gut läuft und überall nur Fehler und Mängel feststellen. Dann kann uns SOWILO zeigen, dass immer noch genügend Licht vorhanden ist und nicht alles so schlecht ist, wie es uns gerade scheint. Augenblicke der Freude, die wir in unserem Herzen wie einen Sonnenstrahl einfangen, können unsere Lebensgeister wieder wecken und uns Zuversicht und Optimismus zurückgeben.

Stichwörter

Licht, Wärme, Geborgenheit; Lebenskraft, Vitalität, Lebendigkeit; Freude, Wohlwollen; Sieg des Lichts über die Dunkelheit, der Wären über die Kälte; der Bedrohung trotzen; dem Bösen das Gute entgegensetzen; Glaube an das Gute in der Welt; Zuversicht, Optimismus.

Das Geschlecht des Tyr

Tiwaz

Lautwert: t
Name: TIWAZ – der Gott Tyr
Andere Namen: ae. tir

Angelsächsisches Runengedicht

Tir biþ tacna sum, healdeð trywa wel
wiþ æþelingas; a biþ on færylde
ofer nihta genipu, næfre swiceþ.

Tyr ist ein Leitstern, der den Edlen die Treue hält,
er ist immer auf der Fahrt
über die Wolken der Nacht und versagt nie.

Bilderwelt

Gott Tyr

TIWAZ ist eine der wenigen Runen, die nach einem Gott der nordischen Mythologie benannt ist, denn Tiwaz ist der altnordische Name für Tyr, den Gott des Kampfes und des Sieges. Tyr ist der Sohn des Odin und der Frigg, manche sagen auch, dass der Riese Hymir sein Vater gewesen sei. Er gehörte zu den bedeutendsten Asen und liebte es, sich mit seinem Schwert in das Kampfgetümmel zu stürzen. Er wurde für seinen außergewöhnlichen Mut bewundert und bei Festlichkeiten mit einem Schwerttanz verehrt. Er galt als Schutzherr des Things, der Versammlung eines Stammes bei den Germanen. Als der Fenriswolf, ein Sprössling des Gottes Loki, zur Bedrohung für die Götter wurde, ist er es, der dem Ungeheuer die Fesseln anlegt und dabei seine rechte

Tyr. Illustration aus einem isländischen Manuskript

Hand verliert. In der Zeit des Ragnarök wird Tyr den Höllenhund Garm töten – und dabei selbst ums Leben kommen. Möglicherweise ist Tyr ein alter Himmelsgott, dessen Kräfte später auf Odin und Thor übergingen. Dies würde die Identifikation im altenglischen Runengedicht von TIWAZ mit einem Stern erklären, doch davon später mehr.

Zunächst einmal taucht Tyr als typischer Gott des Krieges auf, wie er er in vielen Mythologien zu finden ist, allen voran natürlich in der römischen als Mars und in der griechischen als Ares. Ganz ähnlich wie diese verkörpert er die Durchsetzungskraft, den Willen zu überleben und die damit verbundene Rücksichtslosigkeit gegenüber den Bedürfnissen anderer. Mit gezücktem Schwert ist er der Erste, der sich in das wilde Schlachtgetümmel stürzt. Rücksichtslosigkeit ist daher ein Schlüssel zur Bedeutung von TIWAZ, jedoch müssen wir zunächst von einer moralischen Bewertung dieses Begriffs absehen. Rücksichtslosigkeit heißt in diesem Zusammenhang lediglich, dass wir nur dann vorwärtskommen, wenn wir aufhören, zurückzublicken, sondern unseren Blick nach vorne richten auf unser Ziel. Dies mag von anderen als rücksichtslos bewertet werden oder gar als egoistisch, doch gibt es Augenblicke im Leben, in denen wir an uns selbst zuerst denken müssen – um dann an andere zu denken. Denn wir können nur dann für andere da sein, wenn wir uns auch um uns selbst gut gekümmert haben. Alles andere hieße, Raubbau an den eigenen Reserven zu betreiben. TIWAZ erinnert uns daran, auch für uns selbst da zu sein und für unsere eigenen Bedürfnisse zu kämpfen.

Letztlich geht es TIWAZ um den gerechten Ausgleich. Tyr war nämlich auch der Gott des Rechts, das an den Thing-Versammlungen gesprochen wurde. Im Althochdeutschen entwickelte sich aus Tyr der Name Ziu und diesem war der »Ziostag« heilig, aus dem sich im Neuhochdeutschen der »Dienstag« entwickelte, im Englischen der »tuesday«. Dieser Tag war in den romanischen Sprachen dem Gott Mars geweiht, woraus sich beispielsweise der französische Wochentag »mardi« ableitet. Andere leiten den »Dienstag« aus dem »Thingstag« ab, dem Tag der Stammesversammlung. Wie auch immer: Tyr ist nicht nur einfach ungestüm und aggressiv, sondern es geht ihm auch darum, Gerechtigkeit wiederherzustellen, indem wir zu unseren Bedürfnissen stehen und diese gegen andere Bedürfnisse durchsetzen.

Pfeil

In diesem Zusammenhang ist die Gestalt der Rune sehr interessant, denn sie erinnert an eine Waffe, vielleicht an einen Speer oder auch an einen Pfeil. Beide Waffen sind Fernwaffen und waren eigentlich nicht sonderlich beliebt bei den Germanen, die den Nahkampf als ehrenhafter ansahen. Tyr selbst besaß demzufolge eher ein Schwert. Für diese Waffen allerdings muss man gut zielen können und so stehen sie sicherlich nicht so sehr in ihrer Funktion als Waffe im Vordergrund, sondern stellvertretend für unsere Zielsicherheit. TIWAZ erinnert uns daran, dass wir Ziele im Leben haben und dass diese Ziele durchaus von denen anderer abweichen können. Doch nur, wenn wir unsere eigenen Ziele im Auge behalten, haben wir auch eine Chance auf Erfolg. Der Pfeil, der einmal abgeschossen wurde, sucht sich unbeirrt sein Ziel. TIWAZ fordert

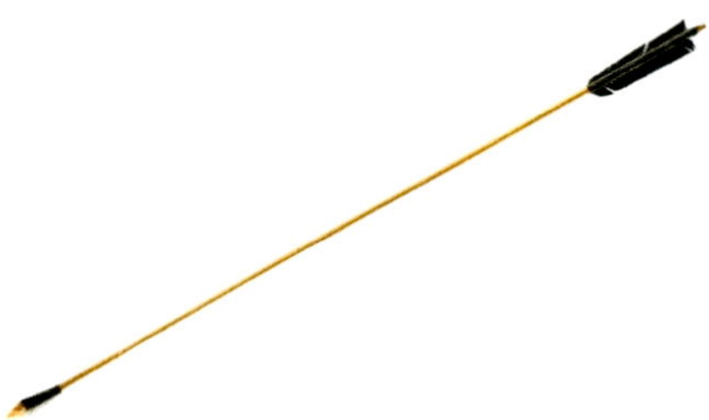

uns entsprechend heraus, unsere Ziele wirklich ernst zu nehmen und Ablenkungen nicht zuzulassen. Wer sein Ziel klar vor Augen hat und es fest im Blick hat, den kann nichts aufhalten, das ist die Botschaft dieser Rune – auch wenn das bedeutet, manch einem Zeitgenossen zur Abwechslung mal auf die Zehen zu steigen. TIWAZ zeigt uns, dass seinen eigenen Weg zu gehen immer auch eine Entscheidung für sich selbst und oft genug gegen andere bedeutet. Diese Entscheidung ist für andere – und auch für uns! – nicht selten schmerzlich, weil wir viel lieber in Harmonie mit der Welt leben wollen. Doch sie ist nötig, denn wir können es nicht allen recht machen, wenn wir zu unserem Recht kommen wollen. In diesem Sinne erlaubt uns TIWAZ mit dem Fuß aufzustampfen und auf den Tisch zu hauen, um unseren Bedürfnissen Gehör zu verschaffen.

Leitstern

Im angelsächsischen Runengedicht wird TIWAZ als Leitstern angesprochen, als verlässlicher Orientierungspunkt am Himmel. Zum einen wiederholt dies die Bedeutung der Rune als Ziel, das wir nicht aus den Augen verlieren sollten, um mit dem Schiff die Reise unseres Lebens zu bestehen. Zum anderen klingt darin die alte Rolle von Tyr als altem Gott des Himmels an, die er wahrscheinlich an Odin abgeben musste. Sein Name leitet sich möglicherweise von einer indoeuropäischen Wurzel *deiwoz* ab, die so viel wie »hell, glänzend, leuchtend« bedeutet und auch in den Namen anderer Himmelsgötter vorkommt wie Zeus, Jupiter, Teutates, allesamt Göttervater, in deren Rang er sich ursprünglich wohl eingereiht haben dürfte. Das angelsächsische Runengedicht verbindet die Idee des Himmels mit einem Stern, an dem man sich orientieren kann. Damit kann der Polarstern gemeint sein, um den sich das gesamte Himmelszelt dreht. Aus dieser Perspektive kann die Gestalt der Rune auch als Weltenachse gesehen werden, die das Himmelszelt trägt und deren Spitze im Nordstern das Firmament berührt. TIWAZ verkörpert damit auch die Vorstellung, dass wir der Mittelpunkt unserer Wirklichkeit sind, dass sich die Welt letztlich um uns selbst dreht. Bei aller Liebe zur Welt und zu unserer Umwelt dürfen wir nicht vergessen, dass wir selbst uns am nächsten sind – und dass Nächstenliebe immer verbunden sein muss mit der Liebe zu sich selbst: Liebe deinen Nächsten wie dich selbst. Es bedeutet aber auch,

dass wir immer nur eine eigene Wirklichkeit haben, die wir aufbauen. Wir sind die Schöpfer der Welt, in der wir leben. Von uns geht alles aus – und alles kehrt auch wieder zu uns zurück, jeder Gedanke, jedes Gefühl, jede Handlung.

Bedeutung

TIWAZ ist die Einladung, uns selbst als Mittelpunkt der Welt zu sehen. Wir stehen im Zentrum unseres Universums – und deshalb sind auch wir verantwortlich für die Wirklichkeit, die wir um uns herum aufbauen. TIWAZ ist es wichtig, dass wir unsere Ziele nicht aus den Augen verlieren und bereit sind, für sie zu kämpfen, sogar Opfer für sie zu bringen. Wir können es nicht allen recht machen, wenn wir unseren Lebensweg mit ganzem Herzen gehen wollen. Und wenn wir für andere da sein wollen, haben wir sogar die Pflicht, uns auch um unsere Bedürfnisse zu kümmern und uns für ihre Erfüllung aktiv einzusetzen. Manchmal müssen wir auch mit einem Paukenschlag für uns selbst einstehen und dabei riskieren, andere zu brüskieren. Dabei dürfen wir keine Angst haben, die Zuneigung anderer zu verlieren, denn wenn wir die Harmonie mit der Welt um den Preis unserer eigenen Bedürfnisse kaufen, verkaufen wir uns am Ende selbst – und verlieren alles.

Stichwörter

Für sich selbst einstehen, für die eigenen Bedürfnisse kämpfen; eine Entscheidung treffen, sich für sich selbst entscheiden; Rücksichtslosigkeit, nicht zurückblicken, nach vorne schauen; sich selbst genauso lieben wie andere; der Mittelpunkt der Welt; Gerechtigkeit.

Berkana

Lautwert: b
Name: BERKANA – Birke
Andere Namen: ae. beorc

Angelsächsisches Runengedicht

Beorc byþ bleda leas, bereþ efne swa ðeah
tanas butan tudder, biþ on telgum wlitig,
heah on helme hrysted fægere,
geloden leafum, lyfte getenge.

Die Birke trägt keine Früchte, trägt Zweige ohne Samen.
Ihre Äste sind schön anzusehen,
sie wachsen in luftige Höhen und sind herrlich geschmückt
mit Blättern, mit denen sie die Himmel berührt.

Bilderwelt

Birke

Neben der Eibe ist die Birke ein weiterer Baum, der im älteren Futhark verewigt wird. Ihr Name geht auf das indoeuropäische Wort *bherHĝo* zurück, das so viel wie »glänzend, schimmernd« bedeutet, wohl eine Anspielung auf die silbrige Rinde des Baumes. Sie ist der typische Baum des Frühlings und gehört zu den ersten, die in zartem Grün ihr Blätterkleid nach dem langen Winter entfalten. Der Maibaum geht wahrscheinlich auf die Birke zurück. Wenn er ins Dorf geholt wurde, brachte man den wieder erwachten Frühling in das Leben der Gemeinschaft. Birkenzweige werden an Häusern angebracht, bevorzugt an

dem Haus, in dem die Liebste wohnt, und dann mit bunten Bändern geschmückt – der sogenannte »Maien«. So ist die Birke auch ein Baum der Verliebten und entsprechend ist sie der Göttin Freya, der germanischen Göttin der Liebe, heilig. In früheren Zeiten glaubte man auch, dass Saft, Rinde und Blätter besonders gut für Liebes- und Fruchtbarkeitszauber geeignet seien und auch den sexuellen Appetit anregen. Ihr Saft wird heute noch als Elixier der Jugend verkauft. Die Birke ist das, was den Mitteleuropäern die Linde ist: der Baum der Liebe, der Schönheit und des Glücks. Noch heute ist die Birke das Wahrzeichen Estlands und wird in Russland, Finnland und Polen als nationales Symbol verwendet. Aus Birkenreisern stellte man Besen her, denen besondere Kräfte nachgesagt wurden und die im Frühling zur magischen Reinigung von Haus und Hof hergenommen wurden. Auf ihre papierne Rinde schrieb man Zaubersprüche, vornehmlich solche, die Liebe anziehen sollten. In der Rune BERKANA sammeln sich alle diese Bedeutungen. Sie steht für Neubeginn, Licht und Sympathie zwischen Menschen.

Berge

In der schamanischen Tradition Nordeuropas taucht die Birke auch als Weltenbaum auf, ähnlich der Weltesche Yggdrasil. Das angelsächsische Lied spielt auf seine Bedeutung an, wenn es beschreibt, wie die Birke in den Himmel reicht. Diese zentrale Bedeutung als Stütze des Himmels und der Erde erkennen wir in einem weiteren Symbol, das sichtbar wird, wenn wir die Rune zur Seite kippen, denn dann tauchen die Gipfel zweier Berge auf – der Weltenberg, ein weiteres Symbol für die Verbindung zwischen Himmel und Erde, das in vielen Kulturen bekannt ist. Der Berg oder Hügel ist ein mythisches Urbild, das auf die

Schöpfung hinweist. In vielen Kulturen taucht aus dem Urchaos, oft als Urflut oder Urozean gedacht, die Erde in Gestalt eines Berges auf, der sich aus den Wassern erhebt. Er ist das Symbol des Kosmos als geordneter Zustand der Wirklichkeit, in der alles seinen geregelten Weg geht, im Gegensatz zum Chaos als Urzustand, in dem noch nichts entschieden und alles möglich ist.

Silbury Hill nahe Stonehenge

Der Berg hat dabei als Symbol mehrere Schichten: Er ist zum einen das Land, das aus den Wassern ragt und damit das Fundament der

Erde ist, zum anderen aber treibt er auch dem Himmel zu und stützt ihn als Dach der Welt. Der Berg ist die Brücke zwischen Himmel und Erde. Wenn wir ihn besteigen, kommen wir den Göttern näher. Zugleich symbolisiert die Anstrengung, die es bedarf, die Höhe zu überwinden, dass der Weg zu den Göttern kein leichter ist und mit Demut gegangen werden soll. Wenn wir aber dann einmal oben angekommen sind, werden wir belohnt: Unser Horizont vergrößert sich, wir blicken in ungeahnte Weite, erkennen bis dahin unsichtbare Zusammenhänge und erleben den erhebenden Augenblick, in der Mitte der Welt zu stehen. Hier spüren wir, dass wir nicht nur Teil der Welt, sondern auch ihr Mitschöpfer sind.

Es mag diese Erkenntnis gewesen sein, die Menschen immer wieder dazu brachte, Heiligtümer, Tempel und Kultstätten auf Anhöhen zu errichten und Berge für heilig zu erklären, man denke an den sagenhaften Meru in Indien, den Kailash der Tibeter oder auch den Olymp der Antike. Andernorts wurden künstliche Berge errichtet wie die Zikkurats in Mesopotamien oder die Pyramiden Ägyptens. Dann sind da noch die seltsamen künstlichen Hügel, die in unseren Breiten zu finden sind, wie der Silbury Hill nahe Stonehenge in Südengland und vielleicht auch der Glastonbury Tor. An vielen Orten werden auf solchen heiligen Hügeln zusätzlich Bäume gepflanzt. Die zwei Berge von BERKANA lassen jedoch noch eine weitere Assoziation zu – die weiblicher Brüste. Tatsächlich kennen wir aus einigen Ländern die Identifikation von zwei gleich aussehenden, nebeneinanderliegenden Hügeln mit den Brüsten der Großen Göttin, der Mutter Erde, zum Beispiel in den Paps of Anu in Irland. BERKANA ist damit eine durch und durch weibliche Rune.

Brezel

Manche erinnert die Gestalt der Rune auch an die einer Brezel. Der Name Brezel geht auf das lateinische »brachium« für »Arm« zurück und erklärt die besondere Form dieses Gebäcks als zwei vor der Brust verschränke Arme. Die Brezel ist das häufigste und am weitesten verbreitete Gebildebrot und lässt sich bis in die Antike zurückverfolgen, wo sie ein kultisches Gebäck war. Früher galt die Brezel vor allen Dingen als ein Gebäck der Fastenzeit und wurde in verschiedenen Varianten vor allen Dingen zu hohen Feiertagen verzehrt, zu Ostern und zu Weihnachten, aber auch zur Fasnacht. Möglicherweise wird in der Brezel die Tradition eines alten Zaubers fortgesetzt: des Binde- oder Knotenzaubers. Dabei wirkt man beim Knoten einer Schnur einen Wunsch in den Knoten hinein. So funktionieren auch die Wunschbänder, die man immer wieder an Kraftorten findet, wo sie an den Zweigen von Büschen und Bäumen angebracht werden. Die Kraft des Ortes soll den Wunsch erfüllen. Manche sagen, dass dies geschieht, wenn der Knoten

sich wieder löst. Bei Hochzeitsritualen steht der Knoten für das Band der ewigen Liebe – zwei Seelen, die sich für immer aneinanderknoten. Manche sagen, dass das Wort Brezel mit dem Wort »Birke« verwandt sei. Hier würde sich der Kreis schließen.

Bedeutung

BERKANA ist die Rune der Verbindung. Nach TYR, der Rune des Einzelkämpfers, öffnen wir unser Herz anderen Menschen, öffnen die Fenster unserer Seele, damit das Licht des Frühlings in unsere Herzen fallen kann. BERKANA ermutigt uns, uns anderen Menschen zu öffnen und unsere Fühler auszustrecken, damit durch die Begegnung mit anderen etwas Neues in unser Leben gelangen kann. Wie aus dem Winter neues Leben im Frühling entsteht, so bringt uns das zarte Band der Liebe und des Miteinander neuen Glanz in unser Dasein. Wir fühlen uns frisch und neu – und wieder jung. BERKANA ist daher auch die Rune der Zuversicht und der Hoffnung, mit anderen Menschen einen neuen Anfang zu wagen. Sie beendet Zustände der Isolation und Abschottung und bringt uns wieder in Berührung mit der Welt. So zart und fein die Bande der Liebe auch sein mögen, sie besitzen eine große Stärke und können unser Leben nachhaltig verändern.

Stichwörter

Glanz, Schönheit, Licht, Jugend; Neubeginn, neues Leben, neue Kraft; Frühling, Aufbruch der Natur; das Herz öffnen, sich auf andere Menschen einlassen; etwas Neues in das Leben lassen, Ende der Isolation; Verliebtsein, Flirt; Erotik und Sexualität als Ausdruckskraft von Lebendigkeit.

Ehwaz

Lautwert: e
Name: EHWAZ – Pferd
Andere Namen: ae. Eh, eoh

Angelsächsisches Runengedicht

Eh byþ for eorlum æþelinga wyn,
hors hofum wlanc, ðær him hæleþ ymb[e]
welege on wicgum wrixlaþ spræce
and biþ unstyllum æfre frofur.

Das Pferd ist bei den Menschen eine Freude für die Edlen,
über das Ross auf seinen Hufen, das stolze Tier,
wechseln berittene Helden gewaltige Worte,
für die Ruhelosen ist es stets Trost.

Bilderwelt

Pferd

Das Bild der Rune gibt sehr wahrscheinlich ein stilisiertes Pferd wieder, vielleicht kann man darin auch zwei Pferdeköpfe sehen, die sich berühren. Der Name der Rune EHWAZ entspringt dem indoeuropäischen *ekuo-s,* das auch im lateinischen Equus erhalten ist, aber auch im Namen der keltischen Pferdegöttin Epona. Pferde spielen in der germanischen Mythologie eine große Rolle, sind sie doch Reittiere vieler wichtiger Gottheiten, allen voran natürlich Odin, dessen achtfüßig dargestelltes Pferd Sleipnir besonders schnell ist. Entsprechend ist eine der Hauptbedeutungen von EHWAZ Geschwindigkeit. Auch Son-

ne und Mond werden von Pferden über das Himmelszelt gezogen, die Pferde der Sonne haben Namen: sie hießen Arwakr, der Frühwache, und Alswid, der Allkluge. Die Personifikation des Tages, der Riese Dagr, reitet auf einem Pferd namens Skinfaxi, »Scheinende Mähne«, das den gesamten Himmel mit seiner Mähne zum Leuchten bringt, und die Nacht, eine Riesin und Mutter von Dagr, auf einem Ross mit Namen Hrimfaxi, »Reifbesetzte Mähne«, dessen Schaum aus dem Maul als Tau auf die Erde tropft. Dies erinnert an den berühmten Sonnenwagen von Trundholm, eine Bronzeskulptur aus der Bronzezeit, die in Dänemark gefunden wurde: ein Pferd zieht einen Wagen, auf dem eine große goldene Sonnenscheibe befestigt ist. Das Motiv des Sonnenwagens kennen wir auch aus anderen Mythologien, zum Beispiel aus der Antike, aber auch aus der chinesischen, ägyptischen und keltischen. Auch der schöne Gott Heimdall, der Wächter Asgards und Beschützer der Himmelsbrücke zwischen Göttern und Menschen, reitet auf seinem Pferd Gulltopp, »Goldzopf«, zu den täglichen Versammlungen der Asen an der Weltesche Yggdrasil. Im Grimnismâl werden die Namen der Asenpferde aufgezählt:

»Gladr und Gyllir, Gler und Skeidbrimir,
Silfrintopp und Sinir,
Gisl und Falhofnir, Gulltopp und Lettfeti:
Diese Rosse reiten die Asen
täglich, wenn sie reiten Gericht zu halten
bei der Esche Yggdrasils.«

Übersetzt heißen diese Pferde: freudvoll, golden, hell, schnaubend im Lauf, Silberzopf, sehnig, strahlend, gelbhufig, Goldzopf, Leichtfuß.

Die Namen drücken aus, dass Pferde für Leichtigkeit, Helligkeit, Schnelligkeit und Beweglichkeit stehen.

Mittler zwischen den Welten

Immer wieder wird das Pferd eingesetzt, um die Welten miteinander zu verbinden. So reitet der Ase Hermodr auf einem Pferd in die Unterwelt der Göttin Hel, um die Totengöttin zu bewegen, den ermordeten Balder wieder zurückkehren zu lassen. Das Pferd ist in diesem Sinne ein Wesen zwischen den Welten und in allen Welten zuhause. Dies wird auch deutlich, wenn es sowohl dem Tag und damit dem Licht zugeordnet wird, aber auch der Nacht und der Dunkelheit. In diesem Sinne steht EHWAZ für den Übergang zwischen den verschiedenen Welten. Yggdrasil, der Weltenbaum, selbst kann als »Pferd des Schrecklichen« übersetzt werden, wobei »der Schreckliche« ein Beiname des Odin ist. Odin hing am Weltenbaum in einer Art Initiationsritus, um die Weisheit der Runen zu empfangen. Dies erinnert an Traditionen, in denen der Schamane auf seinem Pferd in die Anderswelt reist, um dort zu Erkenntnissen zu gelangen. Die Trommel, die auf eine Weise geschlagen wird, um den Schamanen in einen Trancezustand zu versetzen, wird gerne mit einem Pferd verglichen. Auch hier wird das Pferd als Mittler zwischen den Welten angesehen. Manche hören in dem Wort EHWAZ auch eine Anspielung auf das deutsche Wort »Ehe« und sehen in der Rune ein Zeichen für die Beziehung zwischen zwei Menschen. Sicherlich ist diese Etymologie eher problematisch, aber der Grundgedanke passt zu unseren bisherigen Ausführungen, denn wenn wir die Rune betrachten, dann können wir auch zwei Menschen sehen, die sich die Hand reichen – es kommt zu einer Begegnung. Jede Begegnung aber kann auch als Berührung zweier Welten betrachtet

werden, die sich nun im Austausch befinden. In diesem Sinne kann EHWAZ durchaus als Rune der Begegnung gesehen werden, die geschieht, wenn wir uns anderen Menschen aktiv zuwenden. Wenn wir uns dann die Hände reichen, schlagen wir eine Brücke zueinander – ein schönes Bild auch für die Rune selbst.

Bedeutung

EHWAZ stellt Beziehung her, so wie das Pferd zwischen den Welten vermittelt, versetzt es uns in die Lage, aktiv auf andere zuzugehen. Wenn wir EHWAZ mit der vorangehenden Rune BERKANA vergleichen, sind wir jetzt einen Schritt weiter – nachdem wir unsere Herzen geöffnet haben, fliegen jetzt die Herzen aufeinander zu. Beziehung entsteht als ein Band zwischen mir und meinem Gegenüber. Es ist eine erste Berührung, ein erstes Eintauchen in eine fremde Welt. EHWAZ ermuntert uns, uns auf den Weg zu machen und jede Begegnung als Reise in eine andere Welt zu sehen, aus der wir bereichert wiederkehren.

Darüber hinaus ermutigt uns EHWAZ, jetzt keine Zeit mehr zu verlieren für das, was ansteht. So wie das Pferd uns hilft, weite Strecken in kürzerer Zeit zu überwinden, stehen die Zeichen jetzt gut, »Gas zu geben«, um in unseren Angelegenheiten ein gutes Stück vorwärtszukommen. Zögern oder Zaudern ist jetzt nicht angebracht. Vielmehr dürfen wir uns der Kraft von EHWAZ anvertrauen, die uns überall hin bringen kann. Diese Zuversicht ist ein wesentlicher Teil der Bedeutung dieser Rune, verlangt aber auch Vertrauen und eine gewisse Furchtlosigkeit, denn Geschwindigkeit bedeutet auch, Kontrolle aufzugeben. Das ist sowohl für die Begegnung mit anderen Menschen als auch im Umsetzen mancher Vorhaben nötig. EHWAZ versichert uns jedoch, dass wir zu diesem Zeitpunkt dieses Vertrauen haben dürfen – und uns von Vorbehalten und Zweifeln lösen können, um uns endlich frei und unbefangen unseren Zielen oder anderen Menschen zuwenden zu können.

Stichwörter

Schnelligkeit, Geschwindigkeit, Beweglichkeit; Freiheit; eine Brücke schlagen zu anderen Welten und anderen Menschen, Begegnung, Beziehung; sich dem Fluss des Lebens anvertrauen, sich gehen lassen; unbekümmert, unbefangen, losgelöst; keine Zeit mehr verlieren, Ende des Wartens.

Mannaz

Lautwert: m
Name: Mannaz – Mensch
Andere Namen: ae. man

Angelsächsisches Runengedicht

Man byþ on myrgþe his magan leof:
sceal þeah anra gehwylc oðrum swican,
forðum drihten wyle dome sine
þæt earme flæsc eorþan betæcan.

Der fröhliche Mensch ist seinen Verwandten wohl gesonnen,
doch wenn einer den anderen betrügt,
wird der Herr Gericht über ihn sprechen
und der Erde sein armseliges Fleisch überantworten.

Bilderwelt

Menschen verbinden sich

Von der Form her können wir MANNAZ als eine Weiterentwicklung von EHWAZ betrachten: Bei der vorangegangenen Rune ging es um die Begegnung, dargestellt durch zwei Menschen, die sich die Hände reichen und so eine Brücke zwischen sich schaffen. Nun berühren sich die beiden Zeichen nicht mehr nur, sondern sie verschränken sich miteinander: aus der Begegnung wird eine Verbindung. Wo wir zuvor noch uns als Individuum gesehen haben, die sich einem anderen Individuum gegenübergestellt sahen, das wir neugierig erkunden, haben wir uns jetzt auf unser Gegenüber eingelassen und es kommt zu einem regen Austausch. Dass MANNAZ die Rune des Menschen ist, sagt viel darüber aus, was aus der Sicht der Runen unter »Menschsein« zu verstehen ist. Es wird die Fähigkeit des Menschen betont, sich mit anderen Menschen zusammenzuschließen, um eine Gemeinschaft zu bilden. Wie die Glieder einer Kette sind wir miteinander verwoben. Auf diese Weise vervielfachen wir unsere eigene Kraft, weil wir nun verbunden sind mit anderen Menschen und damit über die Fertigkeiten und Fähigkeiten der anderen verfügen. Wir ergänzen uns gegenseitig und potenzieren so unsere Chancen, ein glückliches und erfülltes Leben zu führen. Doch MANNAZ ist nicht nur die willentliche Verbindung zwischen Menschen, sondern deutet auch das Bewusstsein an, dass wir auch ohne unser Zutun ununterbrochen mit allen Menschen verbunden sind, einfach über die Tatsache, dass wir Menschen sind und daher viele Gemeinsamkeiten besitzen. Während einige der vorangehenden Runen immer wieder unsere Individualität betont haben, und damit, was uns von anderen Menschen unterscheidet, stellt MANNAZ nun die Gemeinsamkeiten heraus, die uns mit anderen Menschen verbinden. Indem wir akzeptieren, dass andere Menschen, egal, ob wir uns zu ihnen hingezogen fühlen oder nicht, dem Wesen nach so sind wie wir, entsteht Mitgefühl und das, was landläufig als Empathie bezeichnet wird, die Fähigkeit also, sich in andere Menschen hineinzuversetzen, das zu fühlen, was sie fühlen. Die Verschränkung, die im Runenzeichen sichtbar wird, macht deutlich, dass wir einander auch auf der Ebene des Herzens berühren, ob wir das nun wollen oder nicht. MANNAZ ist die Rune, die Gleichgültigkeit und Egoismus überwindet

und uns klarmacht, wie wichtig es ist, sich als Teil einer Gemeinschaft von Menschen zu fühlen, als Teil der Menschheit. Mit allem, was uns als Individuen so besonders und einzigartig macht, tragen wir zu einem größeren Ganzen bei. Wir teilen unsere Persönlichkeit, indem wir unsere Stärken, Gaben und Fähigkeiten auch anderen zur Verfügung stellen. Auf diese Weise arbeiten wir gemeinsam an einer besseren Welt. MANNAZ betont, dass wir miteinander verwandt sind als Menschen, so wie es auch das angelsächsische Runengedicht anmahnt und uns auch gleich die Folgen aufzeigt, wenn wir dieses kostbare Band, das grundsätzlich zwischen allen Menschen gewoben ist, nicht ehren und achten. Diese Verwandtschaft ist auch eine Verpflichtung, die wir der Welt gegenüber haben. MANNAZ ermutigt uns, diese Verpflichtung als Chance zu sehen, unsere als Individuum begrenzten Möglichkeiten in der Gemeinschaft mit anderen Menschen zu erweitern und zu vermehren.

Zweimal Freude

MANNAZ kann auch als Verdoppelung der Rune WUNJO gesehen werden – und wäre dann zu übersetzen mit »zweimal Freude«! Es erinnert an den Spruch: Geteilte Freude ist doppelte Freude. Immer wenn wir uns mit anderen Menschen verbinden, müssen wir auch etwas von uns selbst aufgeben. Der Preis für die Verbindung ist der Verlust unserer Unabhängigkeit und unserer Autonomie. Viele Menschen haben heutzutage genau davor Angst, vielleicht auch aus gutem Grund, weil sie enttäuscht und verletzt wurden von anderen Menschen, auf die sie sich eingelassen haben. Tatsächlich bedeutet, sich mit anderen Menschen zu verbinden, sich auch verletzlich zu machen. Wir lassen andere unsere Herzen berühren – und das nicht nur in Liebesbeziehungen, sondern in jeder Bindung, die wir eingehen. Menschen, die wir in unser Leben gelassen haben, verfügen stets über eine gewisse Macht über uns, ob sie nun Partner, Freunde, Kollegen oder Mitglieder im gleichen Verein sind. Was auch immer sie über uns denken und wie sie sich uns gegenüber verhalten, lässt uns nicht kalt. Doch eine andere Möglichkeit gibt es nicht – entweder wir bleiben alleine und nehmen Einsamkeit in Kauf oder wir schließen uns mit anderen Menschen zusammen und riskieren, enttäuscht zu werden. Empathie kann uns dabei helfen, denn wenn wir uns in die Beweggründe eines anderen Menschen hineinversetzen, dann begreifen wir manchmal recht schnell, dass das enttäuschende Gebaren eines Menschen nicht zwingend gegen uns gerichtet ist, sondern Ausdruck seiner Bedürfnisse sein kann, bei deren Erfüllung wir ihm oder ihr im Wege standen – genauso wie wir in die Lage kommen können, andere Menschen zu enttäuschen, weil wir uns nicht nach ihren Vorstellungen entwickeln. MANNAZ betont daher, dass die Verbindung zwischen zwei Menschen in erster Linie Freude ist. Jeder Zwang, der in Bindungen ausgeübt wird, bedeutet das Ende der Bindung, selbst wenn man oberflächlich zusammenbleibt. Nur wenn die Begegnung mit einem anderen Menschen uns immer wieder beflügelt, inspiriert und uns fröhlich stimmt, hat sie Bestand. Das heißt nicht, dass zwischen zwei Menschen nur Harmonie herrschen muss. Aber es bedeutet, dass der Grund für die Bindung das Teilen der Freude sein sollte.

Bedeutung

MANNAZ zeigt uns, dass wir es wagen dürfen, uns stärker auf andere Menschen einzulassen. Vielleicht kommen wir gerade aus einer Phase der Isolation und sind uns nicht sicher, ob wir schon bereit sind, wieder einen anderen Menschen in unser Leben zu lassen. Dann sagt uns MANNAZ, dass wir die Furcht vor der Berührung unserer Herzen durch einen anderen beiseitelegen können. Diese Rune ermutigt uns, uns stärker in die Gemeinschaft einzubringen und verspricht uns, dass unsere Ängste, unsere Individualität zu verlieren, unbegründet sind. Wir werden von einem Miteinander profitieren und wir werden dabei Glück und Zufriedenheit verspüren, weil wir merken, dass das, was uns so einzigartig und besonders macht, erst im Zusammenhang mit einer Gemeinschaft Sinn bekommt. MANNAZ leitet kokreative Prozesse ein, das heißt, wir entdecken, dass unsere eigene Kreativität durch das Miteinander befeuert wird und völlig neue Möglichkeiten der Entfaltung unserer Persönlichkeit eröffnet werden. Wir fühlen uns dazu berufen, gemeinsam mit anderen an etwas zu arbeiten und die Welt schöpferisch zu beeinflussen. Indem wir uns einer Aufgabe in der Gemeinschaft widmen, geben wir zwar etwas von unserer Freiheit auf, aber aus der wechselseitigen Verpflichtung wächst die Freude, etwas schaffen zu können, das stets größer ist als wir selbst.

Stichwörter

Aus Begegnung wird Bindung; Verbindung; Bündnis, Vertrag, wechselseitige Verpflichtung und Verantwortung; Gemeinsam sind wir stark, Gemeinschaft, Schulterschluss, Unterstützung durch andere; Vermehrung der eigenen Möglichkeiten, Kokreativität, gemeinsam etwas schöpfen; Freude am Miteinander, Partnerschaft, Freundschaft, Liebe, Mitgefühl, Empathie; Betonung auf das, was uns verbindet, und nicht das, was uns trennt; Toleranz, Verständnis.

Laguz

Lautwert: l
Name: LAGUZ – Wasser
Andere Namen: ae. lagu

Angelsächsisches Runengedicht

Lagu byþ leodum langsum geþuht,
gif hi sculun neþan on nacan tealtum
and hi sæyþa swyþe bregaþ
and se brimhengest bridles ne gym[eð].

Das Wasser erscheint den Menschen grenzenlos
wenn sie es auf schwankenden Schiffen überqueren
und die Wellen des Meeres sie schrecken
und das Pferd der Tiefe sich von seinen Zügeln löst.

Bilderwelt

Wasser

Wasser ist ein unerschöpfliches Thema – im wahrsten Sinne des Wortes. Keine Mythologie, die sich nicht ausführlich damit auseinandergesetzt hätte und in der es nicht heilig wäre. Kein Wunder: Wasser ist Leben. Was die Wissenschaft heute vermutet, haben unsere Vorfahren lange schon gewusst: Alles Leben kommt aus dem Wasser. Ob als Tautropfen oder als weiter Ozean – Wasser fasziniert uns in jeder Form. LAGUZ leitet sich von dem indoeuropäischen Urwort *laku-* ab, das noch in vielen europäischen Wörtern erhalten ist wie im deutschen »Lache« für eine Pfütze, im »Lech« als Flussname, im englischen

»lake« und französischen »lac« oder im keltischen »loch« (vgl. Loch Ness). Die Eigenschaften des Wassers spielen bei der Betrachtung der Rune eine wichtige Rolle. Wasser löst alle Substanz in ihre Bestandteile auf und nimmt den Dingen ihre Form und damit ihre Beständigkeit. Wasser besitzt die Eigenschaft, sich den Gestalten der Gefäße, in die es gegossen wird, anzupassen. Da Wasser stets nach unten fließt, symbolisiert es auch die Kraft aus der Tiefe, den Kontakt zu den Kräften, die in uns schlummern und geweckt werden möchten. Es befreit uns von alten überholten Gedanken und Gefühlen und »mischt die Karten neu«, gibt uns Hoffnung auf einen neuen Anfang. Wasser reinigt von Schmutz und allem, was an den Dingen haftet: es gibt das Gefühl von Frische und Neubeginn. Formen und Muster, die Wasser entsprechen, schaffen eine Atmosphäre des Möglichen und inspirieren uns. Es macht flexibel und fördert die kreativen Kräfte, die in uns liegen. In vielen Traditionen wird Wasser mit unseren Gefühlen assoziiert, weil diese genauso wandelbar sind wie das Wasser selbst. Gefühle sind instabil, wankelmütig und können

nicht gut kontrolliert werden. Einerseits bereichern sie dadurch unser Leben, bilden die Grundlage für unsere Fantasie, andererseits machen sie uns auch möglicherweise Angst, weil sie uns daran erinnern, dass wir uns nicht immer im Griff haben und uns verletzlich machen.

Nixen

Wie viele andere Mythologien kennt auch die germanische Wassergeister, die sogenannten Nixen. Gerade die gefährliche Seite des Wassers wird in Mythen in der Gestalt dieser unheimlichen Wesen greifbar. Diese werden einerseits als unglaublich schön beschrieben, andererseits gelten sie auch als heimtückisch und spielen dem Menschen übel mit, wenn sie sich gereizt fühlen. Manchmal betören die weiblichen ihrer Art Menschenmänner und ziehen sie dann auf den Grund von Flüssen und Seen. Auch unartige Kinder locken sie in ihr nasses Grab. Manchmal aber warnen sie auch vor Gefahren, oft vergeblich. In älteren Quellen werden Nixen meist als schöne, junge Frauen mit blasser oder grünlicher Haut beschrieben, die Haare können grün und golden schimmern oder ganz und gar grün sein. Entgegen der landläufigen Vorstellung besitzen Nixen ursprünglich keinen Fischschwanz, sondern ähneln von Statur und Gestalt uns Menschen. Zumindest an Land gehen sie deshalb barfuß. Das angelsächsische Runengedicht erinnert ebenfalls an die Tücke des Element Wasser, indem es die Ängste beschreibt, die einen Menschen überfallen können, wenn er merkt, wie er auf dem Meer treibend den Kräften des Wassers ausgeliefert ist. Zugleich aber betont es, dass Wasser auch der Fortbewegung dient: wir reisen auf dem Meer, auf den Flüssen. Bildlich gesprochen sind es unsere Gefühle, die uns überhaupt irgendwohin tragen. »Wenn ihr's nicht fühlt, ihr werdet's nicht erjagen«, lässt Goethe seinen Faust sagen. Das ist das

Geheimnis von LAGUZ: das Wasser ist instabil und zugleich trägt es uns überall hin.

Quelle

Das Urbild von LAGUZ erinnert an Darstellungen von Wasser, das einer Fontäne gleich aus dem Erdboden quillt. Damit wird eine weitere Bedeutungsebene auf diese Rune übertragen: Es geht darum, dass etwas Neues entsteht. Im Zusammenhang mit der vorangehenden Rune MANNAZ entsteht eine interessante Erweiterung des Themas Beziehung zu anderen Menschen. MANNAZ ließ uns die Verbindung mit anderen eingehen, LAGUZ bringt die emotionale Ebene dazu. Wasser drückt dabei die Verbundenheit aus, die entsteht, wenn wir Gefühle miteinander teilen. In dieser Vermischung miteinander entsteht vielleicht zuerst so etwas wie Chaos, weil wir uns ineinander verlieren. Doch dieses Chaos ist gewissermaßen der Nährboden für etwas, das neu aus dem Miteinander entstehen kann. In vielen Schöpfungsmythen wird das Urchaos durch Wasser symbolisiert, so auch in der Bibel: »Am Anfang schuf Gott Himmel und Erde. Und die Erde war wüst und leer, und es war finster auf der Tiefe; und der Geist Gottes schwebte auf dem Wasser.« Bevor etwas Neues entstehen kann, so die Botschaft von LAGUZ, muss das Durcheinander zugelassen werden. Wasser löst das Bestehende auf und erlaubt so, es auf eine neue Weise zusammenzusetzen. Zwei Menschen, die sich in diesem Sinne begegnen und »sich zusammentun«, schaffen die Grundlage für etwas Neues. Die Quelle entspricht in diesem Zusammenhang dem Wasser, das aus der Tiefe ans Licht dringt, um sich dann seinen eigenen Weg zu bahnen. Aus der Quelle wird ein Bach, aus dem Bach ein Fluss, und der fließt in das Meer als das größere Ganze. Genauso kann aus der Verbindung zweier Menschen etwas Großes entstehen, wenn man das anfängliche Chaos überwindet, indem man es als Potenzial neuer Möglichkeiten begreift.

Bedeutung

LAGUZ repräsentiert die Welt der Gefühle, die sich zwischen zwei oder mehreren Menschen aufspannt. Wenn zwei Menschen in diese Welt eintauchen, dann hören sie für einen Augenblick auf, als Einzelwesen zu existieren, die Persönlichkeiten vermischen sich. In einem ganz körperlichen Sinne vertritt LAGUZ das Verschmelzen zweier Menschen im Akt der Sexualität: auch hier lösen sich unsere Grenzen auf, wir fließen ineinander und werden eins. Im übertragenen Sinne ist es jeder Akt, bei dem wir uns ganz bewusst auf einen anderen Menschen einlassen, um etwas Neues mit ihm zu kreieren. Diese Akt der Schöpfung verlangt von uns auf der einen Seite den Mut, uns selbst ganz der Beziehung hinzugeben, wobei Verlustängste auftreten können. Doch auf der anderen Seite verspricht uns LAGUZ, dass aus dieser Verbindung neues Leben entspringt – wie die Quelle aus der Tiefe des Erdreichs.

Stichwörter

Gefühle zulassen; sich hingeben, Hingabe, Selbstaufgabe, Liebe; Erotik und Sexualität; Verschmelzung, Auflösung der Grenzen, Durcheinander; Chaos als Grundlage der Schöpfung.

Ingwaz

Lautwert: ng, (wie in Gesa-ng)
Name: INGWAZ – der Gott Yngvi-Freyr
Andere Namen: ae. ing

Angelsächsisches Runengedicht

Ing wæs ærest mid East-Denum
gesewen secgun, oþ he siððan est
ofer wæg gewat; wæn æfter ran;
ðus Heardingas ðone hæle nemdun.

Ing wurde zuerst unter den Ost-Dänen
gesehen, bis er nach Osten zog
über das Meer. Sein Wagen zog ihm nach.
So nannten die Herdinger ihren Helden.

Bilderwelt

Yngvi-Freyr

Neben TIWAZ ist INGWAZ eine der Runen, mit der ausdrücklich eine bestimmte Gottheit gemeint ist. Überliefert ist er als Yngvi, Stammesgott der Ingaevonen, wird aber auch mit dem Vanen Freyr identifiziert und trägt dann den Doppelnamen Yngvi-Freyr. Die Vanen sind das zweite Göttergeschlecht der nordischen Mythologie und älter als das der Asen. Sie gelten als geschickt und bodenständig, verbunden mit Mutter Natur. Sie verfügen über besondere Zauberkräfte, sind weise und gerecht. Im Gegensatz zu den Asen sind sie keine besonders herausragenden Krieger. Als es zum Krieg zwischen den beiden Göttergeschlechtern kommt, lenken die Vanen ein. Die beiden Götterfamilien versöhnen sich und tauschen Geiseln als Zeichen des Friedens aus. So kommt es, dass die Kinder des Meeresgottes Njörd, die Zwillinge Freyja und Freyr, zu den Asen gebracht werden. Der Name »Freyr« bedeutet »Herr« (»Freyja« entsprechend »Herrin«), was darauf hinweist, dass er als eine sehr hochstehende Gottheit betrachtet wurde, dessen eigentlichen Name man möglicherweise nicht aussprach, ähnlich wie man den christlichen Gott mit »Herr« anredet. Seine Rolle unter den Göttern war die eines Gottes der Fruchtbarkeit, der Vitalität und der Fülle. Selbst von außergewöhnlich schöner Gestalt sorgte er für Sonnenschein und gutes Wetter. In seiner Gegenwart herrschten Frieden, Freude und Wohlstand. Sein heiliges Tier ist ein goldleuchtender Eber, auf dem er reitet. Außerdem besitzt er ein Zauberschiff, das immer günstigen Wind hat und auf Taschengröße zusammengefaltet werden kann. Er lebt im Alfheim, dem Reich der Elben. Hinter dieser Lichtgestalt steckt im Kern ein alter Fruchtbarkeitsgott, dem man für Erntesegen Opfer brachte.

Ei

INGWAZ setzt so gesehen die Idee von LAGUZ fort, wenn wir in der vorangehenden Rune den Moment der Verschmelzung im Akt der Liebe sehen. INGWAZ ist dann das Ergebnis der Fortpflanzung – und so kann die Form der Rune als das gelegte Ei gesehen werden, Symbol des Schöpfungsaktes. In einigen Kulturen ist von einem Welten-Ei die Rede, das am Anfang aller Schöpfung steht. In ihm ist alles enthalten, was sich später im Werden des Kosmos entfalten kann, es ist das Symbol der gesamten neuen Möglichkeiten, die sich jetzt ergeben. Noch gibt es keine Bedingungen, alles ist möglich, reiner Anfang, der Keim, in dem alles Sein eingeschlossen ist und darauf wartet, Wirklichkeit zu werden. INGWAZ steht daher für den Aufbruch in eine neue, aber auch eine unbekannte Welt, der Beginn eines neuen Tages, den wir noch mit unseren Gedanken, Gefühlen und Handlungen füllen müssen. Möglicherweise ist dies auch der Grund, warum im angelsächsischen Runengedicht Ing übers Meer nach Osten zieht, nämlich dorthin, wo die Sonne aufgeht, dem Symbol des Neuanfangs, des Ursprungs. Das Ei gilt darüber hinaus auch als Symbol des Frühlings und spielt deshalb bei den sicherlich auf heidnische Vorbilder zurückgehenden Osterbräuchen bis heute eine große Rolle. In der christlichen Deutung wird das Ei zum Sinnbild der Auferstehung. Das Ei steht für das in eine feste Schale eingeschlossene Leben, das sich schließlich daraus befreit, so wie Christus aus dem Grab auferstand und damit den Tod überwand. Doch schon in der Antike ist das Ei als Grabbeigabe bekannt, wahrscheinlich um den Übergang des Verstorbenen in ein neues Leben im Jenseits zu erleichtern. Vielerorts werden die Ostereier vom Osterhasen gebracht oder versteckt – das neue Leben, das aus dem Verborgenen geholt werden muss. Möglicherweise ist der Hase, als ein sehr fortpflanzungsfreudiges Tier, wiederum eine Anspielung auf die Fruchtbarkeit des Landes, die im Frühling wiederkehrt. Das Osterfest geht wohl auf ein altes Fest zum

Frühlingsanfang zurück und richtet sich noch heute danach: Ostern fällt auf den ersten Sonntag nach dem ersten Vollmond nach der Frühlingstagundnachtgleiche rund um den 21. März. Damit ist es eigentlich ein Mondfest – und der Kreis des INGWAZ könnte diesen Zusammenhang abbilden, wenn wir ihn als Scheibe des Vollmondes deuten.

Feuerstelle

Eine andere Deutung der Gestalt der Rune finden wir, wenn wir uns den kleinen Kreis als Feuerstelle vorstellen, die ja häufig von einem Steinkreis umschlossen wird, damit sich das Feuer nicht willkürlich ausbreitet. Auch das Feuer steht in vielen Bräuchen im Zusammenhang mit dem Thema Fruchtbarkeit und ist auch zu Ostern als Osterfeuer in vielen Gegenden noch heute ein zeremonieller Höhepunkt. Glück bedeutet auch der Sprung über das Feuer. Liebespaare springen Hand in Hand darüber, weil ihnen das eine lange gemeinsame Zukunft bescheren sollte – und viele Nachkommen. Junge Bauern wagen den Sprung in der Hoffnung auf reiche Ernte. Aber wehe, man stürzte bei einem solchen Sprung, dem wurde der Tod noch in demselben Jahr vorausgesagt. Wer sich mit der Asche des Osterfeuers hingegen das Gesicht schwärzte, dem war Glück und Gesund-

heit für ein ganzes Jahr sicher. Im Grunde ist das Feuer auf Erden ein Abbild des großen fruchtbarmachenden Feuers am Himmel, der Sonne. Freyr trägt neben seiner Funktion als Gott der Fruchtbarkeit auch deutlich die Züge eines Sonnengottes. INGWAZ steht daher für diese Kraft des neuen Lebens, das von der Wärme der Frühlingssonne aus den Tiefen der Erde wieder ans Licht gelockt wird – so wie das Ei von der Henne ausgebrütet wird.

Bedeutung

INGWAZ verspricht uns, dass wir gute Chancen auf einen Neuanfang in unserem Leben haben. Alle Weichen sind auf den Übergang in eine neue Lebensphase gestellt – wir müssen uns nur noch ein Herz fassen und den Schritt in die Zukunft wagen. Die gesamte Symbolik der Rune erzählt davon, wie wir zu neuem Leben erwachen und sich uns die Zukunft öffnet. Wir stehen am Anfang unserer Möglichkeiten und haben die Gelegenheit, alte Zöpfe abzuschneiden und uns endlich von überkommenen Gedanken, emotionalen Altlasten und längst überflüssig gewordenen Gewohnheiten zu befreien. In diesem Sinne ermutigt uns INGWAZ, das Alte hinter uns zu lassen und uns ganz dem Neuen zu öffnen – wir kehren an unseren Ursprung zurück, an dem noch alles möglich war und jetzt wieder ist.

Stichwörter

Feuer des Lebens, Schöpfungskraft; Fruchtbarkeit; Neuanfang, neue Chancen, neue Möglichkeiten eröffnen sich; Aufbruch in ein neues Leben, eine neue Phase; Zukunft, Hoffnung; zurück zum Ursprung, noch einmal von vorne anfangen.

Dagaz

Lautwert: d
Name: dagaz – Tag
Andere Namen: ae. daeg

Angelsächsisches Runengedicht

Dæg byþ drihtnes sond, deore mannum,
mære metodes leoht, myrgþ and tohiht
eadgum and earmum, eallum brice.

Der Tag ist der Bote des Herrn, den Menschen wertvoll,
strahlendes Licht der Schöpfung, Freude und Hoffnung
für Reiche und Arme, er ist für alle da.

Bilderwelt

Tag und Nacht

Wie die Nacht wird auch der Tag in der germanischen Mythologie von einer Gottheit personifiziert. Die Geschichte von Tag und Nacht wird in der Gylfaginning der Snorra Edda überliefert: » ... Tag (Dagr) war schön und licht nach seiner väterlichen Herkunft. Da nahm Allvater die Nacht (Nótt) und ... Tag und gab ihnen zwei Rosse und zwei Wagen und setzte sie an den Himmel, dass sie damit alle zweimal zwölf Stunden um die Erde fahren sollten. Die Nacht fährt voran mit dem Rosse, das Hrimfaxi (Reifmähne) heißt, und jeden Morgen betaut es die Erde mit dem Schaum seines Gebisses. Das Ross, womit Tag fährt, heißt Skinfaxi (Lichtmähne) und Luft und Erde erleuchtet seine Mähne.« Tag und Nacht werden als Geschwister verstanden und als sich wechselseitig ergänzend. Von daher müssen wir uns in der Rune DAGAZ Tag und Nacht zusammengefasst vorstellen, so wie wir heute auch noch vom Zyklus aus Tag und Nacht als einem Tag sprechen. Das Zeichen der Rune legt dies nahe: Wir können es als zwei Kreishälften verstehen, die miteinander verbunden sind, wie die zwei Hälften des Tages. DAGAZ erzählt uns daher etwas darüber, wie sich Licht und Schatten wechselseitig bedingen. Auf jeden Tag folgt eine Nacht – und umgekehrt. In diesem pausenlosen Wechsel zwischen Helligkeit und Dunkelheit entfaltet sich unser Dasein – es ist der Rhythmus alles Le-

bendigen. Wir können ihn in der Natur überall beobachten: im Öffnen und Schließen der Blüten, in Ebbe und Flut, im Wandel der Mondphasen, im Wechsel der Jahreszeiten, im Aus- und Einatmen. Stets folgt das eine auf das andere, ohne Unterlass. Wo Licht ist, ist auch Schatten – eine alte Weisheit, die sich in DAGAZ spiegelt. Sie will uns darauf aufmerksam machen, dass es zum Pendelschlag des Lebens gehört, dass sich die Dinge nicht gleichförmig bewegen, sondern auf und ab schwingen, vor und zurück. Niemand kann über diesem Grundgesetz des Lebens stehen, vielleicht ist dies der Hintergedanke des angelsächsischen Runengedichtes, wenn es dort heißt, dass DAGAZ für alle da ist. Diese Wahrheit zu akzeptieren, so können wir aus dem Gedicht schließen, ist Anlass zu Hoffnung und Freude, denn der Wechsel von Licht und Dunkelheit ist die Grundlage der Schöpfung und schenkt damit die Hoffnung, dass jeder Tag ein neuer Tag ist. Wenn wir heute am Boden liegen, dann sorgt dieses Gesetz dafür, dass wir wieder aufstehen und von vorne beginnen.

Liegende Acht

Wenn man sich in anderen Kulturen nach einem vergleichbaren Prinzip umsieht, so stößt man unweigerlich auf das Symbol des Tai Qi, das auch von der Form her eine gewisse Ähnlichkeit aufweist. Qi ist in der chinesischen Tradition die Lebenskraft, die durch alle Lebewesen fließt und sie am Leben erhält. Dieses Qi entwickelt sich aus der Wechselwirkung zwischen den beiden Urpolen Yin und Yang. Jede Schwingung entfaltet sich zwischen zwei Polen, die als Gegensätze bestimmbar sind. So pendelt der Lauf eines Flusses stets hin und her, mal nach links und mal nach rechts, und die Kette eines Gebirgszuges steigt auf und wieder ab, wechselt zwischen Berg und Tal, hoch und tief. Diese

Pole werden mit Yin und Yang bezeichnet und sind deshalb so wichtig, weil sie für den fortwährenden Prozess der zyklischen Entwicklung von Qi ausschlaggebend sind, ja, ohne das Wechselspiel von Yin und Yang gäbe es keine Wandlung im Universum und damit kein Leben. Die Funktion von Qi lässt sich am besten mit einer seiner augenfälligsten Erscheinungsformen anschaulich machen: dem Kreislauf des Atems. Beobachten wir für einige Momente unsere Atmung. Wie der Atem zirkuliert Qi und wir können seine Wirkweise am ununterbrochenen Wechsel von Leere und Fülle in unserem Körper spüren. Tatsächlich kann man sich den Atem als eine Kreisbewegung durch den Körper vorstellen, wenn die Luft im oberen Teil des Körpers eingesogen wird und nach unten sinkt, um dann wieder aufwärts zu steigen, um den Körper zu verlassen.
Das typische Merkmal von Qi ist die Zirkulation, die kreisförmige Bewegung, welche sich vorwärts bewegt, um nicht an einer Stelle zu stagnieren, so wie die Atmung für den permanenten Austausch von Luft sorgt. DAGAZ veranschaulicht diese Bewegung mehr als eine liegende Acht, wenn wir die Gestalt der Rune so deuten wollen. Wenn wir diese liegende Acht mit der Hand vor uns in die Luft schreiben, während wir ein- und ausatmen, können wir diese Urschwingung des Lebens als Wirkung auf unseren Körper deutlich spüren: Es stellt sich nach einer Weile eine innere Balance ein und wir empfinden tatsächlich so etwas wie eine tiefe Ausgeglichenheit. Die liegende Acht ist auch das Zeichen für Unendlichkeit. Darin drückt sich die immerwährende Bewegung aus, die Ursache für jede Form von Weiterentwicklung. DAGAZ ist nicht nur einfach eine Wiederholung des Immergleichen, sondern steht auch für die Möglichkeit, jeden Zyklus als die Chance auf einen nächsten Schritt in der Entwicklung zu sehen. Auch wenn sich The-

men in unserem Leben wiederholen, wir uns immer wieder mit bestimmten Mustern unseres eigenen Verhaltens konfrontiert sehen, kommen wir insgesamt weiter auf dem Weg. Einen wirklichen Stillstand gibt es nicht, Leben heißt sich entwickeln.

Bedeutung

DAGAZ ist die Rune der Entwicklung und vermittelt uns die Erkenntnis, dass alles, was existiert, sich verändern muss. Nach der Rune ING-

WAZ, in welcher die Entstehung neues Lebens angekündigt wird, folgt nun die Rune, in der dieses neue Leben sich entlang des Rhythmus von Tag und Nacht, Werden und Vergehen, Auf und Ab entfalten wird. Die Gestalt der Rune erinnert ein wenig an den Augenblick der Zellteilung, wenn aus der einen Urzelle durch fortwährende Replikation schließlich ein ganzer Organismus wächst.

Dieses Wachstum geschieht durch den Austausch mit der Umwelt: Wir nehmen Nahrung in uns auf, die wir verstoffwechseln und in unseren Leib integrieren. DAGAZ verlangt von uns, dieser Wechselwirkung gegenüber offen zu sein. Wir dürfen uns in dem aktuellen Zustand nicht verschließen, sondern sollten alles, was uns begegnet, als Chance zur Erweiterung unserer Persönlichkeit willkommen heißen. So betrachtet ist alles »Futter« für unsere Entwicklung als Mensch. DAGAZ erlaubt uns, die Situationen, in denen wir uns gerade befinden, ob wir sie nun als dunkel oder hell erleben, als vorübergehend zu begreifen und als nötiger Schritt in Richtung Reife. Dazu bedarf es des Bewusstseins, dass wir uns jetzt nicht gegen die Entwicklung stemmen können, sondern besser im Fluss des Lebens mitschwimmen. Es geht darum, sich in wachsender Aussteuerung an die bestehenden Umweltbedingungen zu einer immer stimmigeren Persönlichkeit zu entwickeln.

Stichwörter

Wechsel von Tag und Nacht, Licht und Schatten; Einheit der Gegensätze; Leben heißt Wandel; Wachstum und Weiterentwicklung; Entwicklung des Lebens, der Seele, der Persönlichkeit; der nächste Schritt in der Entwicklung; Anpassung an die Umweltbedingungen; aktive Balance der Kräfte.

Othala

Lautwert: o
Name: Othala – fester Besitz, Erbe, Adel, Heimat
Andere Namen: ae. ethel

Angelsächsisches Runengedicht

Eþel byþ oferleof æghwylcum men,
gif he mot ðær rihtes and gerysena on
brucan on bolde bleadum oftast.

Heimat ist jedem Menschen wichtig,
weil er in seinem Zuhause Freude und Genuss daraus ziehen kann,
was recht und gut ist.

Bilderwelt

Hag

Das Urbild der Rune erinnert an ein Seil, das wie eine Schleife um etwas gebunden ist oder einen Raum markiert. Es erinnert an einen umfriedeten Bereich, der vielleicht mit einem Zaun umgeben wird, einen heiligen Bezirk, einen von der Außenwelt abgegrenzten Bereich, ein Stück Land, einen Hof, den Hausfrieden. OTHALA beschreibt also etwas Abgeschlossenes, legt die Grenze fest zwischen dem, was im Inneren dazugehört und dem Äußeren, das vom Inneren ausgeschlossen ist und nicht dazugehört. In diesem Sinne ist die Bedeutung der letzten Rune als »fester Besitz« verständlich, im Gegensatz zur ersten Rune FEHU als beweglicher Besitz: Es ist das, worauf wir sitzen, wo wir sesshaft sind. Es ist der Ort, zu dem wir gehören. Die Grenze zwischen innen und außen wird durch einen Zaun, eine Mauer, einen Grenzstein markiert. Ein etwas veraltetes Wort dafür ist der Hag, von dem sich jedoch viele Wörter ableiten, die im engen Zusammenhang mit dem Wesen von OTHALA stehen: Behaglich beschreibt das Gefühl, das wir haben, wenn wir uns Zuhause fühlen, wie es auch das altenglische Runengedicht beschreibt; wir sprechen von »hegen und pflegen«, wenn wir uns wohlwollend um etwas kümmern, zum Beispiel weil es eine schützende Hand braucht, damit es in seiner Entwicklung unge-

stört sein kann. Auch die Hecke, die unser Grundstück umgibt und uns vor zudringlichen Blicken schützt, leitet sich letztlich aus diesem Wort ab. Einige Pflanzen, die beliebte Heckengewächse sind, führen noch diesen Namen in ihrer Bezeichnung: Hagedorn, Hagebutte, Hagebuche. Gerade diese haben oft dornige Zweige, um Eindringlinge abzuhalten. In früheren Zeiten sollte ein solcher Hag nicht nur vor Dieben schützen, sondern auch vor den unheimlichen Kräften der Natur, die außerhalb des Hages lebten und sich in Gestalt von Dämonen immer wieder der Grenze näherten. Diese Geister, die sich dem Hag näherten, gewissermaßen an der Grenze zwischen der Ordnung des Zuhause und der Wildnis außerhalb lebten, nannte man Hagzissa oder Hagazussa, was so viel wie »Zaunwesen« bedeutet. Aus diesem Wort entwickelte sich unser deutsches Wort »Hexe«. Eine Hexe ist also ein Dämon, der den Frieden unseres Zuhause bedroht. Man beachte an dieser Stelle auch den Zusammenhang zwischen dem Wort »Frieden« und der »Einfriedung«. OTHALA ist die Rune des Schutzes dessen, was uns wichtig ist, was uns das Gefühl von Frieden gibt. Es ist die Rune der Sicherheit aus Zugehörigkeit.

Herkunft

Viele Menschen beziehen Sicherheit aus ihrem Besitz. Auch OTHALA bietet diese Bedeutung an, und zwar als fester Besitz, zum Beispiel in Form eines Hauses oder eines Grundstücks. Doch verbindet diese Rune den Gedanken des Besitzes sogleich mit Erbschaft und bringt daher einen weiteren Aspekt in die Deutung, eine zeitliche Dimension. Es ist also nicht in erster Linie der Besitz gemeint, den ich mir gerade frisch erarbeite, sondern der, der aus früheren Generationen auf mich übergegangen ist – mein Erbe. Dies kann natürlich in einem ganz materiellen Sinne verstanden werden, so wie Haus und Hof vom Vater auf den Sohn oder von der Mutter auf die Tochter vererbt wurden. Aber es ist auch das Erbe, das wir in uns tragen, das geistige Erbe, in das wir hineingeboren wurden, angefangen von den Traditionen, die unser Leben prägen, bis hin zu den Glaubenssätzen und Tabus, die in einer Familie vorherrschen. Wir sprechen von Familienbanden und in einem weiter gefassten Sinn auch von der Sippe als einem größeren Ganzen, in dem wir als Individuum wurzeln – ob wir das wollen oder nicht. OTHALA erinnert uns an diese Bindungen, die aus unserer Herkunft rühren und unseren Werdegang nicht unerheblich bedingen, ob wir sie nun als günstige Voraussetzung erleben oder als Last aus der Vergangenheit.

Diese Rune erinnert daran, dass wir nicht in einem luftleeren Raum geboren wurden, sondern dass in uns auch eine Tradition fortgesetzt wird. Gerade nach den Runen, die OTHALA vorausgehen und die alle von der Stimmung von Neuanfang und Veränderung geprägt sind, scheint diese Rune zurückzurudern und auf einmal Werte wie Stabilität und Fortbestand zu propagieren. Doch geht es nicht darum, überkommenen Traditionen blindlings zu folgen – sondern etwas Eigenes daraus zu machen. Es bleibt eine Tatsache, dass wir immer das Kind unserer Eltern sein werden und diese auf die eine oder andere Weise in uns fortleben werden. Unsere Herkunft bestimmt unsere Zukunft. Doch in welchem Maße dies geschieht und was wir aus dem Erbe machen, das bleibt uns überlassen. Wir können sortieren: Was darf zu unserem Leben gehören, und was nicht? Auf diese Weise entwickeln wir eine typische Identität im Leben, eine Persönlichkeit, die Stabilität aus sich selbst heraus gewinnt, ohne sich von den eigenen Wurzeln abzuschneiden.

Bedeutung

OTHALA fordert uns dazu auf, bei allem Drang zur Veränderung und Wandlung darauf zu achten, dass wir das, was wir für richtig und wichtig erachten, auch bewahren. Wir brauchen ein Zuhause, nicht nur im körperlichen, sondern auch im seelischen und geistigen Sinne. Diese Rune fordert uns auf, Klarheit über die Bedingungen zu gewinnen, die uns das Gefühl geben, bei uns selbst angekommen zu sein. Was gibt uns Sicherheit und Geborgenheit in einer Welt, die sich um uns herum in einem ununterbrochenen Wandel befindet? Was verschafft uns das Gefühl von Schutz vor dem Unbill der Welt? Zu welchen Werten bekennen wir uns, was ist uns wichtig und gibt uns auch geistige Stabilität, gerade in einer Zeit, in der alles beliebig und austauschbar zu sein scheint? OTHALA macht uns auf unser Bedürfnis aufmerksam, zu uns selbst zu stehen und das, was uns wichtig ist, auch zu beschützen. Es geht jetzt nicht darum, jeden Trend mitzumachen, sondern sich auf sich selbst zu besinnen. Wer bin ich und woran merke ich, dass ich eine unverwechselbare, eigenständige Persönlichkeit bin? Wenn wir diese Fragen für uns beantworten können, dann gewinnen wir an Profil und Beständigkeit. Heimat ist dann nicht mehr nur in einem klischeehaften Sinne zu verstehen, sondern als Fähigkeit, sich einen Ort zu schaffen, an dem man zu jeder Zeit zurückkehren kann, weil wir uns dort mit uns selbst im Einklang finden.

Stichwörter

Abgrenzung, Schutz, Grenze ziehen; sich schützen wollen, andere beschützen; hegen und pflegen; Heimat, Herkunft, Anbindung an die Vergangenheit; Familie, Sippe; geistige Werte, worauf wir uns verlassen wollen; Bindung, Verbindlichkeit.

Runenpraxis

Einfaches Runenziehen

Die einfachste und vielleicht wirkungsvollste Möglichkeit, sich den Runen praktisch zu nähern, ist das tägliche Ziehen einer Rune. Gerade am Anfang, wenn man sich der Bedeutung der Runen noch nicht so sicher ist, ist der tägliche Griff in den Runenbeutel eine gute Möglichkeit, sich nach und nach mit den Zauberzeichen der Germanen und ihrer Deutung vertraut zu machen. Am besten bewahren Sie Ihre Runen in Griffweite neben Ihrem Bett auf und greifen gleich nach dem Aufwachen, vielleicht sogar noch etwas schlaftrunken, danach und ziehen eine Rune. Es ist anfangs sogar besser, keine konkrete Frage mit dem Ziehen einer Tagesrune zu verbinden, sondern das Unbewusste sprechen zu lassen. Eine so gezogene Rune wird eine unmittelbare Verbindung zu Ihrem Selbst haben und kann überraschende Erkenntnisse vermitteln. Sie können Antworten auf Fragen erhalten, die Sie noch gar nicht gestellt haben, die Ihnen jetzt aber bewusst werden. Manchmal spiegelt die Tagesrune aber auch nur etwas, das sich schon in Ihrem Inneren vorbereitet hatte und nun in der Rune seinen konkreten Ausdruck findet.

Das Ziehen der Rune muss nicht mit bestimmten Ritualen begleitet sein, Sie können einfach solange in dem Runenbeutel die Steine oder Holzstücke zwischen in ihren Fingern gleiten lassen, bis eines an ihnen zu haften scheint. Dieses nehmen Sie dann heraus. Betrachten Sie zunächst die Rune und das Zeichen eine Weile und lassen Sie es auf sich wirken, bevor Sie gleich nachschlagen, was sie bedeuten. Vielleicht assoziieren Sie etwas damit, fühlen sich auf einer subtilen, ganz persönlichen Ebene unmittelbar angesprochen. Diesen ersten Eindrücken schenken Sie unbedingt Aufmerksamkeit, denn sie sind wichtiger als alle vorgefertigten Interpretationen aus diesem oder anderen Büchern. Wenn Sie mögen, können Sie diese ersten Bilder und Gedanken, die sich beim bloßen Betrachten der Rune einstellen, in ein kleines Buch notieren, das Sie dann wie ein Runentagebuch führen können.

Nachdem Sie die Deutung der Rune gelesen haben, können sie die Inhalte noch einmal auf sich wirken lassen und das bereits intuitiv Erfahrene damit verbinden. Vielleicht ergibt sich eine Vertiefung der ersten Eindrücke, vielleicht werden weitere Facetten sichtbar. Was auch immer Sie denken und empfinden, wenn Sie die Beschreibung der Rune gelesen haben, können Sie in Ihren Notizen über die Tagesrune ergänzen.

Am besten nehmen Sie die Rune mit und tragen sie den ganzen Tag bei sich. Es kann gut sein, dass Sie zwischendurch den Impuls spüren, die Rune in die Hand zu nehmen und noch einmal zu betrachten. Nicht selten treffen wir im Alltag unvermutet auf Situationen, in denen wir Bezüge zur Tagesrune entdecken, sei es, dass wir die Form in einem Gegenstand oder in der Landschaft ausmachen oder dass uns etwas passiert, das an die Bedeutung der Rune erinnert. Doch auch selbst wenn nichts Außergewöhnliches geschieht, können wir unsere Ideen zur Rune weiter spinnen, indem wir ihr über den Tag hinweg immer wieder etwas Aufmerksamkeit entgegenbringen. In diesem Dialog mit der Rune festigt sich unsere Beziehung mit ihr und wir verinnerlichen das, was wir über sie gelernt haben.

Wer es sich auf diese Weise zu einer guten Gewohnheit gemacht hat, die Runen tägliche Begleiter sein zu lassen, der wird schnell merken, wie mühelos und spielerisch die Bedeutungen der Zeichen in Fleisch und Blut übergehen.

Natürlich kann es gut sein, dass Sie einige Tage brauchen, bis Sie wirklich alle Runen einmal gezogen haben. Manche Runen werden Sie auch öfters in der Hand haben als andere. Doch auch dies sagt etwas über Sie und Ihre Beziehung zu Runen aus. Vielleicht entdecken Sie auf diese Weise Runen, zu denen Sie im augenblicklichen Leben einen ganz besonderen Bezug haben und deren Botschaft jetzt gerade besonders wichtig für Sie ist.

Natürlich ist es auch »erlaubt«, mehr als nur eine Rune am Tag zu ziehen. Dann können die hintereinander gezogenen Runen sogar eine Art Geschichte bilden. Die Kunst der Deutung besteht dann darin, jede Folgerune als eine Fortsetzung der vorangehenden zu betrachten und die Deutungen so miteinander zu verknüpfen, dass sie sich thematisch aufeinander beziehen und sich ein roter Faden durch die gesamte Deutung zieht. Wie viele Runen Sie letztlich ziehen und in welchem zeitlichen Abstand, das bleibt Ihnen überlassen. Erfahrungsgemäß sind drei bis fünf Runen am Tag ausreichend, um die Runen eine schlüssige Geschichte erzählen zu lassen. Vergessen Sie nicht, die so gefundene Geschichte wieder in Ihr Runentagebuch zu notieren. Wenn Sie zu einem späteren Zeitpunkt zu dieser Geschichte zurückkehren, werden Sie erstaunt sein, wie viele Details, die Sie zum Zeitpunkt der Niederschrift nicht verstanden haben, später Sinn bekommen haben.

Runen hintereinander zu legen kann auch ganz gezielt zur Klärung einer anstehenden Frage dienen. Diese Methode der Legung ist

vor allen Dingen geeignet, wenn gerne etwas über die Entwicklung einer Angelegenheit in der Zukunft erfahren möchten. Dazu schaffen Sie sich am besten einen zeitlichen Freiraum, indem Sie für eine Weile ungestört sein können, um Ihren Gedanken und Assoziationen ungehindert nachzugehen. Sie können sich für eine Weile in ein ruhiges Zimmer zurückziehen, aber auch einen schönen Ort in der Natur aufsuchen, vielleicht in Ihrem Garten oder an einem Ihrer Lieblingsplätze im Park oder im Wald. Gerade an sogenannten Kraftplätzen stellt sich erfahrungsgemäß die Intuition wesentlich schneller ein.

Stellen Sie den Runenbeutel vor sich hin und formulieren Sie die Frage, die Sie gerade beschäftigt. Vielleicht atmen Sie zuvor ein paar Mal tief ein und aus und beginnen sich auf sich selbst im Hier und Jetzt zu konzentrieren. Es hat sich bewährt, zuerst einmal zur Ruhe zu kommen, bevor man die Runen befragt. Irgendwann stellt sich dann der Impuls ein, und wir greifen in den Beutel, um eine Rune herauszuziehen.

Legen Sie diese erst einmal vor sich hin und betrachten Sie sie. Wieder lassen Sie zuerst alle Assoziationen wirken, die sich beim Anblick der Rune einstellen. Dann können Sie nachschlagen, was für Bedeutungen das so Erspürte ergänzen. Dann wiederholen Sie diesen Vorgang so lange, bis Sie das Gefühl haben, eine Antwort auf Ihre Frage erhalten zu haben. Auch hier besteht die Kunst darin, die Bedeutung der Runen zu einer Geschichte zu verweben, wobei hier der zeitliche Ablauf der Entwicklung aus der Gegenwart in die Zukunft besonders betont wird. Sie könnten sich bei jeder neuen Rune die Frage stellen: »Angenommen, die vorangehende Rune erfüllt sich zu meiner Zufriedenheit – was wird dann möglich?« Sie können auch eher auf die Ebene Ihrer Bedürfnisse eingehen und sich Schritt für Schritt immer tiefer arbeiten. Fragen Sie sich dann: »Angenommen, das Bedürfnis, das die vorangehende Rune aufzeigt, wird gestillt – was ist dann anders?« Lassen Sie sich von Ihrem Bauchgefühl leiten, um herauszufinden, wann genug ist. Auch hier lehrt die Erfahrung, dass zwischen drei und fünf gezogene Runen ausreichen, um eine tiefgreifende Antwort auf unsere Frage zu erhalten.

Es ist übrigens auch bei dieser Methode nicht unbedingt notwendig, eine konkrete Frage an die Runen zu richten, dann aber werden wir auch keine konkrete Antworten erhalten. Dafür aber kann es passieren, dass uns die Runen in immer tiefer liegendere Schichten unserer Persönlichkeit führen, bis hinein in Bereiche, die sich sprachlich gar nicht mehr wirklich ausdrücken lassen, sondern nur noch auf der Ebene der Stimmungen und Gefühle in uns wirken. Dies ist eine besonders wirkungsvolle Möglichkeit, in Resonanz mit den Runen zu treten und sie als Symbole zu erleben, die tief in uns verborgene Potenziale berühren können.

Gestern, Heute, Morgen

Der Vielfalt an Legemethoden sind keine Grenzen gesetzt. Ich rate jedoch dazu, sich auf einige wenige am Anfang zu konzentrieren, bis man einen guten Zugang zu den Runen gefunden hat. Dann kann man durchaus zu experimentieren beginnen. Doch zuerst sollte man ein wenig Sicherheit im Umgang mit den Runen gewinnen. Die folgenden Legungen haben sich in der Praxis bewährt und erlauben uns, Runen zur Analyse unserer gegenwärtigen Lebenssituation einzusetzen. Auf diese Weise können Sie uns unterstützen, wichtige Entscheidungen zu treffen, indem sie uns mehr über die Hintergründe verraten, warum etwas gerade so und nicht anders läuft und welche Chancen und Herausforderungen sich darin für uns verstecken.

Mit der folgenden Legemethode finden Sie heraus, auf welche Kraftquellen Sie bauen können, um eine anstehende Aufgabe zu bewältigen. Konzentrieren Sie sich auf eine Frage. Wählen Sie dann intuitiv drei Runen aus. Sie können dies mit geschlossenen Augen tun oder sich von den Symbolen offen inspirieren lassen.

Das Schema dieser Legung sieht wie folgt aus:

Gestern. Die Rune an dieser Stelle erzählt Ihnen etwas über Fähigkeiten, die Sie bereits in der Vergangenheit bei der Bewältigung ähnlicher

Herausforderungen einsetzen konnten. Es lohnt sich hier der Frage nachzugehen: Wann stand ich schon einmal vor einer ähnlichen Aufgabe – und wie ist es mir damals gelungen, erfolgreich zu sein? Die Rune gibt Ihnen wichtige Hinweise darauf, was Sie damals schon ganz richtig gemacht haben.

Hier & Jetzt. Diese Position verrät Ihnen, welche Fähigkeiten Sie hier und jetzt einsetzen sollten, um einen wichtigen Schritt in Ihrer Angelegenheit vorwärtszukommen. Die Rune schlägt Ihnen eine bestimmte Haltung oder eine bestimmte Verhaltensweise vor, die aktuell den größtmöglichen Nutzen verspricht. Dabei können Eigenschaften angesprochen sein, die Sie an sich vielleicht sogar bislang abgelehnt haben. Doch es zeigt sich oft, dass genau jetzt die Zeit gekommen ist, hier ein neues Bild von sich selbst zu entwerfen und neue Wege zu gehen.

Morgen. Diese Rune lässt Sie einen Blick in die Zukunft werfen, denn Sie zeigt Ihnen, welche Fähigkeiten Sie gewinnen werden, wenn Sie die Herausforderung gemeistert haben. Dabei wird es sich um Ihnen bereits vertraute Eigenschaften handeln, die Sie vielleicht aber noch nicht berücksichtigt haben, die Sie vergessen haben oder von denen Sie gar nicht geahnt haben, dass Sie über sie verfügen.

Für und Wider

Diese Legemethode eignet sich besonders gut, um bei Entscheidungen nützliche Impulse zu erhalten. Zwar können uns die Runen die Entscheidung nicht abnehmen, aber sie können uns Hinweise auf die Folgen geben, je nachdem, in welche Richtung wir uns entscheiden werden. Dabei beleuchten die Runen weniger, ob eine der beiden Optionen besser oder schlechter ist, sondern eher den Umstand, dass wir uns nicht entscheiden können. Die Tatsache, in diesem Dilemma zu stecken, belegt, dass beide Möglichkeiten etwas in uns auslösen. Wenn dies nicht so wäre, würden wir ja sofort wissen, wo es langgeht. Die Runen klären also, welche inneren Bedürfnisse sich in den jeweiligen Optionen zeigen und erfüllt werden wollen. Mit diesem Hintergrundwissen können wir unsere Entscheidung auf eine ganz andere Basis stellen. Sehr wahrscheinlich fällt es uns dann leichter, Klarheit zu schaffen.

Und so geht's. Ziehen Sie eine Rune für die Option A, dann eine zweite für Option B. Legen Sie beide Runen nebeneinander und deuten Sie die Botschaft der Runen, die sich für die jeweilige Position ergibt.

Dann ziehen Sie eine weitere Rune. Diese Rune steht für »Beides« und zeigt an, welche Ressourcen freigesetzt würden, wenn Sie sich für A und B entscheiden. Das mag auf den ersten Blick merkwürdig erscheinen, aber lassen Sie sich überraschen, was aus der Verbindung der beiden Möglichkeiten entstehen kann.

Schließlich ziehen Sie noch eine vierte Rune. Diese zeigt das Potenzial einer Entscheidung für »Keins von beiden«! Auch diese Möglichkeit wäre denkbar – Sie entscheiden sich weder für A noch für B. Auch hier wird ein bestimmtes Potenzial angesprochen und durch eine Rune verkörpert.

Am Ende können Sie eine fünfte Rune ziehen – diese steht für alles, was darüber hinaus geht. In dieser Rune zeigt sich der übergeordnete Sinn, warum Sie in diesem Dilemma stecken (das nun eigentlich ein Tetralemma ist, denn Sie haben nicht mehr nur zwei Möglichkeiten, sondern vier!) und welche Stufe der Entwicklung Sie erreichen können, wenn Sie durch diesen Prozess hindurch sind.

Das Legebild könnte so aussehen:

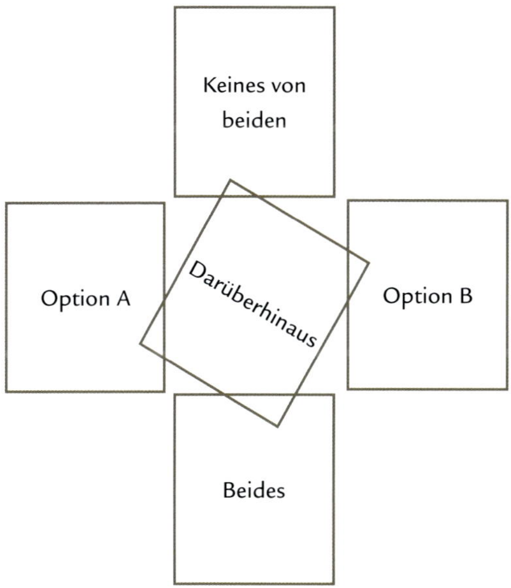

Liebe, Ordnung und Erkenntnis

Diese Legung ist besonders gut geeignet, wenn wir uns in einer Situation befinden, in der wir Stärkung brauchen. Sie hilft uns, uns auf unsere Kraftquellen aufmerksam zu machen, die wir zwar in uns tragen, aber über die wir gerade nicht verfügen können. Die Runen, die wir in dieser Legung ziehen, zeigen uns, was wir tun können, um wieder freien Zugang zu diesen Quellen zu haben.

Ziehen Sie eine Rune für die Kraftquelle der Liebe. Diese zeigt Ihnen, was Sie gerade benötigen, um sich wieder verbunden mit der Welt zu fühlen. Die Rune an dieser Position erzählt Ihnen etwas über die Situation, in der Sie sich gerade in Bezug auf dieses Thema befinden und ob Sie hier für Ausgleich sorgen müssen.

Ziehen Sie eine zweite Rune für die Kraftquelle der Ordnung. Hier geht es um die Fähigkeit, Klarheit in das eigene Leben zu bringen, klar zwischen sich und den anderen zu unterscheiden, klar zwischen Wichtigem und Unwichtigem zu trennen. Die Rune an dieser Stelle sagt etwas darüber aus, wie gut Sie gerade sind, sich von anderen abzugrenzen und was Sie im Zweifel benötigen, um mehr Ordnung in Ihr Leben zu bringen.

Ziehen Sie eine dritte Rune für Kraftquelle der Erkenntnis. Mit dieser Position öffnen Sie sich der geistigen Dimension Ihrer Fragestellung. Die Bedeutung der Rune zeigt Hintergründe auf und beleuchtet den Erkenntnisgewinn, den Sie aus Ihrer gegenwärtigen Situation ziehen können.

Zuletzt ziehen Sie eine Rune für die Kraftquelle der Weisheit. Diese wird etwas darüber aussagen, welche Entwicklung sich aus den gegenwärtigen Bedingungen ergeben kann. Die Rune zeigt Ihnen, welchen übergeordneten Sinn das alles hat, auch wenn Sie es im Augenblick nicht sehen können.

Das Legeschema könnte so aussehen:

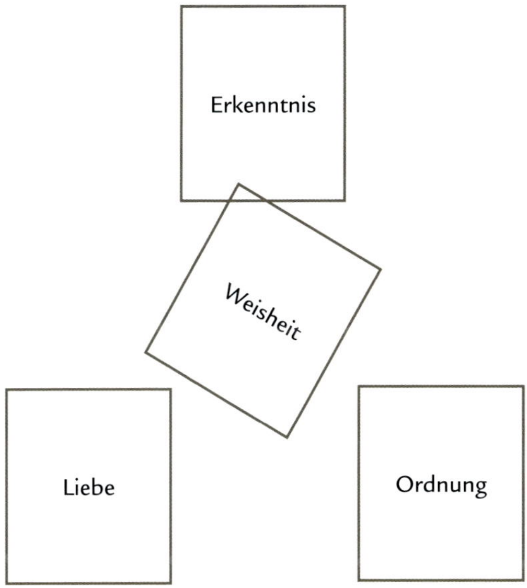
Erkenntnis
Weisheit
Liebe
Ordnung

Kurze Geschichte der Runen

Woher die Runen kamen, wer sie gar erfunden hat, ist bis heute mehr oder minder ein Rätsel. Es gibt plausible Theorien, nach denen die Runen sich von der lateinischen oder sogar nordetruskischen Schrift abgeleitet haben. Die Ähnlichkeit mancher Runen mit Buchstaben des lateinischen Alphabets scheint ein Beleg für diese Theorie zu sein, wie zum Beispiel in der Rune FEHU mit dem Buchstaben »F«. Andererseits ist dies nicht für alle Runen nachvollziehbar. Einige Zeichen sind ganz eigenständige Entwicklungen und scheinen keine Vorbilder in fremden Schriften zu haben. Daher gibt es eine Reihe von Forschern, die davon ausgehen, dass die Runen eine originäre Erfindung der Germanen und die Ähnlichkeiten rein zufällig sind. Unterstützt wird diese Theorie durch den Umstand, dass die ältesten an Runen erinnernden Inschriften um das Jahr 50 n. Chr. in Schleswig-Holstein gefunden wurden, in einer Gegend also weit entfernt vom Einflussbereich der römischen Schriftkultur. Es kann gut sein, dass die Wahrheit über den Ursprung der Runen vielschichtiger ist und letztlich viele Fäden zusammenlaufen.

Zeitlich lässt sich die Verwendung der Runen zwischen dem 2. und dem 14. Jahrhundert eingrenzen. Vor allen Dingen zurzeit der Wikinger erfreuten sich die Runen einer regen Anwendung. Ihre Verbreitung erfuhr einen Schwerpunkt in den Gegenden Südskandinaviens, in den übrigen Siedlungsräumen der germanischen Stämme sind Runen weniger häufig zu finden und wurden überdies mit der Christianisierung recht schnell durch das lateinische Alphabet ersetzt. Man darf sich jedoch nicht vorstellen, dass die Runen im Sinne einer alltäglichen Gebrauchsschrift eingesetzt wurden, etwa um Bücher zu schreiben oder Urkunden zu verfassen. Ihre Verwendung konzentrierte sich in erster Linie auf Inschriften zum Gedenken an Verstorbene, für Weiheinschriften, aber auch zu profanen Zwecken wie der Angabe von Besitzverhältnissen auf Gegenständen oder als Inschrift auf Münzen.

Schon immer scheinen sie mehr als nur einfach Zeichen gewesen zu sein, mit denen die Laute der Sprache bezeichnet wurden. Jede Rune trägt ja einen eigenen Namen und wenn wir den Überlieferungen der Edda lauschen, dann erfahren wir, dass sie in einem religiös-spirituellen Zusammenhang gesehen wurden. Sie dienten als Symbole und wer sie benutzte, konnte damit mächtige Zauber wirken. Das Wort »Rune« scheint aus einem urgermanischen Wort für Geheimnis zu rühren, das sich beispielsweise im deutschen Wort »raunen« erhalten hat. Dies verweist auf die magische Wirkung, die mit den Runen wohl von Anfang an verbunden wurde. Allerdings wurden die einzelnen Zeichen selbst erst ab dem 17. Jahrhundert als Runen

bezeichnet. Das Wort Rune stand ursprünglich eher im Zusammenhang mit ganzen Sprüchen, die in Runenschrift verfasst sind. Die einzelnen Zeichen wurden auch als Stäbe bezeichnet, weil man sie vor allen Dingen zu Orakelzwecken gerne auf Holzstäbe ritzte. Daraus leitet sich übrigens unser Wort »Buchstabe« ab – eine Rune also, die auf einen Stab aus Buchenholz geritzt wurde.

Die Runen sind uns in verschiedenen Runenreihen überliefert, die älteste besteht aus 24 Zeichen. Sie dient auch als Grundlage für die Beschreibung der Runen in diesem Buch. Alle folgenden Runenreihen,

Futhark genannt nach den ersten sechs Buchstaben der Reihen, sind eine Ableitung aus dieser ursprünglichen Reihe, die bis ins 8. Jahrhundert verwendet wurde. Die Angelsachsen erweiterten die Runen auf ein System aus 33 Zeichen, während sich in Skandinavien eine Kürzung auf 16 Zeichen vollzog. Der Hintergrund wird die Notwendigkeit gewesen sein, weitere Zeichen einzuführen, um die Sprache besser abzubilden, oder das System zu vereinfachen, weil nun eine Rune mehrere Laute übernehmen konnte. Runensysteme aus 18 Zeichen wurden Ende des 19. Jahrhunderts in rechtsesoterischen Kreisen entwickelt. Diese beinhalten zu einem Großteil jedoch Zeichen, die zwar den Runen ähneln, aber keinen Bezug zu den historischen Zeichen haben. Das sogenannte »Armanenfuthark« ist auf diese Weise entstanden, gilt aber unter Kennern als wenig seriös, zumal es von den Nationalsozialisten verwendet wurde.

Register

Geffettete Seitenzahlen verweisen auf die ausführlichen Beschreibungen der einzelnen Runen.

Bildnachweis

Fotolia: Subbotina Anna (Titelbild), KMBI (8), annaia (14), Roxana (17,18), olandsfokus (20), Pink Badger (23), wlad074 (25), smereka (42), Bo Valentino (43), Sonja Birkelbach (44, 221), Ökologix _Wikimedia (48), Pilens Photo (49), andreiuc88 (51, 52), maunzel (57), Martina Berg (58), Eric Isselée (62), rangizzz (64, 201), Gina Sanders (66), pics (70), Liane M (71), Lava Lova (73), travelguide (74), lunamarina (78), strauscher (79), Alexandr Ozerov (80), The Game (84), askaja (86), dephoto (90), Ryszard Stelmachowicz (98), pictureguy32 (100), Lena Zajchikova (103), Sportactive (106), Gunnar Assmy (115), Brad Pict (116), Dave Massey (118), Ernst Boese (122), Tobias Klostermann (126), wira91 (130), stokkete (135), skatzenberger (138), Mariia Pazhyna (142), Marianne Mayer (146), Luc_Viatour_Wikimedia (147), jerryjoz (148), Mike Fotografie (150), Artur Synenko (154), draghicich (166), @nt (168), Elena Kovaleva (172), babimu (176), Jeanne Hatch (180), Dragonimages (184), PictureArt (188), khubicek (196), volff (202), pixelunikat (206), bifi (209), Sergey Nivens (210), pegbes (214), Africa Studio (218, 222), sannevdberg (224).

Shutterstock: Pshenichka (232), Africa Studio (235), Stephen Orsillo (236).

Trikvetra, Fred J. (10), W. G. Collingwood (12), Haukurth (13), opus verum (26, 38, 94, 160), Isländische Handschrift (132), Greg O'Beirne (174), Lorenz Fröhlich (37, 56), Michel Gantelet/Französische Nationalbibliothek (92), Árni Magnússon Institute in Island (108), Hélène Adeline Guerber (155), Isländische Handschrift 18. Jh. (157, 183), Isländische Zeichnung 17. Jh. (158).

Alle weiteren Bilder: Archiv des Autors